ÉCURIE

VÉNERIE, FAUCONNERIE ET LOUVETERIE

DU ROI LOUIS XIII

EUGÈNE GRISELLE

Docteur ès Lettres,
Lauréat de l'Académie Française (Prix Juteau-Duvigneaux, 1902; Prix Saintour, 1911)

ÉDITIONS DE DOCUMENTS D'HISTOIRE
PAUL CATIN, ADMINISTRATEUR
13, RUE LACÉPÈDE, 13
—
1912

its de reproduction et de traduction réservés pour tous pays.

ÉCURIE

VÉNERIE, FAUCONNERIE ET LOUVETERIE

DU ROI LOUIS XIII

Il a été tiré de cet ouvrage :

6 *Exemplaires, sur papier des Manufactures d'Arches, numérotés de* oo *à* o5 *(Réservés) ;*

6o *Exemplaires, sur papier des Manufactures d'Arches, numérotés de* 1 *à* 6o.

ÉCURIE

VÉNERIE, FAUCONNERIE ET LOUVETERIE

DU ROI LOUIS XIII

PUBLIÉ PAR

EUGÈNE GRISELLE

Docteur ès Lettres,
Lauréat de l'Académie Française (Prix Juteau-Duvigneaux, 1902; Prix Saintour, 1911).

PARIS

ÉDITIONS DE DOCUMENTS D'HISTOIRE

PAUL CATIN, ADMINISTRATEUR

13, RUE LACÉPÈDE, 13

1912

INTRODUCTION

Roger de Saint-Lary et de Termes [1], appelé M. le Grand à cause de sa fonction de grand écuyer de France, l'occupa sous trois rois, depuis Henri III, qui l'avait fait d'abord maître de sa garde-robe et premier gentilhomme de sa chambre, jusqu'à sa démission sous Louis XIII, en 1639 [3]. C'est à ce titre qu'il a signé l'État de la dépense de l'Escurye du roy pour l'année 1631, le plus ancien document manuscrit que j'ai pu découvrir, nous fournissant la liste des officiers de cet office.

On y a joint ici les états de l'écurie, de la vénerie et de la fauconnerie du roi, de l'année 1641, contenus dans le volume imprimé en 1644, dont la description a été donnée en tête du Supplément à la maison de Louis XIII.

Sur l'importance des services rattachés à la grande et à la petite écurie du roi, rien n'édifie mieux que la lecture même de cet état de dépenses. La véritable préface à y adjoindre serait une sorte de résumé historique des vicissitudes de la fonction « peu ancienne », selon Jean du Tillet, qui n'en signale guère de traces que sous Charles VI [5].

Comme on trouvera dans le Supplément à la Maison de Louis XIII les réglements de la fonction parmi ceux de la maison du roi de 1585, je me borne à insérer ici un autre document conservé par Brienne [4].

---

1. Voir le Père Anselme, t. VIII, p. 507.
2. Il avait fait une première démission en faveur du baron de Termes, son frère, tué au siège de Cléracé le 12 juillet 1631 (Cf. Doc. d'Hist., 1912, p. 21), et fut rétabli après sa mort.
3. Le P. Anselme, l. c., p. 512.
4. Brienne 261 (n. a. fr. 7230), fol. 252.

Droictz prérogatives et prééminances appartenans à l'estat de grand escuier de France.

Ledit Seigneur doit estre pres la personne du roy soit à la guerre, entrée de villes ou jouxtes et tournois.

Ausdites entrées ès villes où y a Parlement le Grand Escuier est devant le Roy à cheval, vestu d'une casaque de veloux azurée semée de fleur de lys d'or, son cheval caparansonné *(sic)* de mesmes, portant son espée de parade pendue à un grand baudrier, le fourreau et ledit Baudrier pareillement azuré et fleurdelizé.

En celle de Paris, il est armé sur un grand cheval couvert et caparansoné comme le cheval de parade, portant lad. espée comme dessus et le heaulme de sa Majesté de mesme parure, couvert d'une couronne d'or à l'impérialle, marchant au devant de luy, un peu à costé le Roy d'armes Montjoye, et les heraults devant ledict Montjoye et douze pages auparavant eux; devant iceux pages le cheval d'honneur, ayant ledict grand escuier pres de luy et à pied les Calvacadours *(sic)*, et est la croupe de son cheval plus pres du dez du Roy hormis quant il y a un connestable.

Le dez que les eschevins des villes portent sur la teste des Roys en leur entrée des villes sont au grand escuier, bien que les laquais, soubz umbre qu'ilz pretendent ceux des villes non ayans parlements, les ont autrefois debattus, mais on les a appaisez par quelque petit present d'argent quand lesd. dez meritent d'estre retenus.

Ledict grand escuier a quelquefois desbattu pour avoir l'auctorité d'asseoir les postes et pourveoir aux estats des maistres d'icelles, mais le Controleur général desd. postes a gaigné se *(sic)* privilege sur luy.

Aux tournois et jouxtes que faict le Roy, c'est luy qui monte Sa Majesté à cheval, qui luy baille la lance à la main et le estrye à cheval.

Il arme et désarme sa majesté, faict garder les armes d'icelle ayant pour cest effect maison destinée à Paris.

Commect les armuriers du Roy gaigés des finances de Sa Majesté, les emploie au roolle de l'escurie aveq les escuiers cavalcadours, heraultz, poursuivancts d'armes, tailleurs, brodeurs, scellier et autres menus officiers, en dresse l'estat tous les ans qu'il faict signer au Roy.

Pourveoit à tous lesdictz estatz, augmente leurs gaiges ou les diminue selon les occurances, hormis aux estats de receveurs et controolleurs de l'escurye.

Il donne aussi les offices de chevaulcheurs tant ordinaires que ceux qui suivent la cour, commande aussi sur les chevaux, faict l'estat des jumentz, chevaulx et poullains qui en viennent, ordonne de leur despence et de ceux qui ont la charge.

Il a superintendance sur le premier escuier et autres et semblablement sur les officiers de l'escurie, du nombre desquelz sont les chevaucheurs et les mareschaux d'icelle.

Il y avoit jadis en ladicte escurie un premier mareschal aiant plusieurs beaux droictz et privilleges et entre autres que nul ne pouvoit estre mareschal, heaulmier, haubergeonnier et esperonnier à Paris s'il ne l'acheptoit de luy au nom du Roy; mais cest estat a esté esteint.

Il a droit d'avoir en la suitte et Maison des Courtaux du Roy des grands jeunes chevaux et des pages de Sa Majesté.

Le feu Grand escuier de Choisy a eu autresfois une douzaine desdictz pages et quatre lacquais du Roy à sa suitte habillés et deffraiez et les chevaulx entretenus aux despens de Sa Majesté.

Toute la despence qui se faict en ladicte escurie soit pour les escuiers, pages, chevaulx, valletz de chambre et autres fraiz se doit arrester par ledict grand escuier et les escroue signées de luy.

Il ordonne sur les habillemens desd. pages, lacquais, hocquetons, des archers et Gardes du Roy, la couverture des mulletz, habillemens des suisses; portiers, fouriers ordinaires et trompettes.

Quant le Roy vient à decedder ledict Grand Escuier est devant l'effigie sur un cheval couvert de velours noir jusques en terre ayant dessus une croix de satin blanc.

Ledict cheval et toute l'escurie et la despouille sont aud. Sr le Grand, soit grands chevaulx, courtaulx, mulletz, mules de lictieres tant servantz que des haratz, coches, carosses, chariot d'armes, harnois, houlses et tous autres meubles appartenant au Roy sont aud. grand escuier.

Ordonne aussi la despence des Pompes funèbres et le reste, la despouille de laquelle luy appartient pareillement, comme le Chariot où est l'effigie, les autres chariots, le grand cheval, le grand manteau royal, la grande Banière, le petit Mantelet aveq les couvertures, parements et caparassons, tant ceulx couvertz et semés de fleurs de lys d'or que paréz de veloux noir.

Quand le nouveau Roy vient à la couronne, le dict grand Escuier par honneur et devoir luy doit offrir les chevaulx et harnois de ladicte Escurie, et si Sa Majesté les retient, il luy ordonne une grande et notable reccompense en argent ou autrement [1].

Le tome 829 (anciennement vol, 48,2^{do} partie), où Clairambault nous a conservé cet état de la grande et petite écurie sous Louis XIII, a pour titre Grands et premiers écuyers. *Parmi les pièces qui précèdent l'état de 1631, il y faut signaler, outre les extraits de règlements puisés à diverses sources contemporaines du collectionneur, comme l'État de la France de 1722, le P. Anselme, Besoigne, etc., une* Ordonnance *de Louis XII datée de Blois, en février 1509, « portant reduction des chevaucheurs de son escurie à 120 » (fol. 8); un règlement du roi du 8 décembre 1551 (tiré du ms. Brienne 256), tranchant des différends survenus « entre les maistres de son hostel, Capitaines de ses Gardes, escuiers d'escurie et autres premiers officiers et principaux de sa maison et le Prevost de son dit hostel » (fol. 15) ; puis, pour l'épo-*

---

1. Le même recueil nous fournit les lettres de provision de la charge signées par Henri III à Blois, le 8 janvier 1589, qu'on lira plus bas, p. 33, à l'appendice I.

Voici les extraits des règlements de 1578 et de 1585 que Clairambault a recueillis à cause de la mention qui y était faite de la présence du grand écuyer

DES REGLEMENS GENERAUX DE LA MAISON DU ROY DU 9e AOUST 1578

(Mss. de Brienne 256 [n. a. fr. 7325, fol. 35-85)].

Ordre que le Roy veut estre tenu [tant] pour sa chambre et antichambre et salle que pour ses heures.

(Fol. 43 v°). En la chambre du Roi sa Majesté éveillée.

Alors n'entreront que les Princes, Officiers de la Couronne, le grand Maistre de l'artillerie, ceux de ses affaires et ceux de son conseil, un secrétaire d'Estat et un Barbier, Beaulieu et Octave, excepté le maistre de camp du Regiment de ses gardes, *son premier escuier* et le capitaine de la porte.

Plusieurs articles après :

(Fol. 44 v°). Entreront en l'antichambre les autres seigneurs gentilhommes de la chambre, *Escuiers d'escurie* et personnes de qualité qui sont sur l'Etat de Sa Mat^{té}.

(Fol. 47). Nul gentilhomme de la chambre, *escuier d'escurie* et gentilhomme servant n'entrera en lad. chambre de Sa Mat^{té} qu'il n'ait de nouveau fait le serment.

(Fol. 47 v°). Le soir... le Roy ayant sa robbe de cham' "a de nuit ira en son cabinet, suivi de ceux de ses affaires; cependant d   u. ont dans sa chambre les Princes, Seigneurs qui sont du Conseil et au - ausquels il est permis le matin d'entrer en ladite chambre.

(Fol. 46 v°). Fait deffenses au Tresorier de paier ceux qui seront aux gages d'autres Princes et Seigneurs et aux grand M^e et en son absence au 1er maistre d'hostel, 1ers Gentilhommes de la chambre, Mes de la Garderobbe, *Grand* et 1er *escuier* & de ne leur donner le quartier.

que de Louis XIII, des Lettres patentes (imprimées) « portant Reglement pour les Marchands de chevaux. Donné à Paris le 30 avril 1613 »,
enfin un Brevet pour le logement du 1er Escuier dans le petit hostel de
de Bourbon (fol. 26), du 8 avril 1626, où on lit :

Aujourd'hui 8 avril 1626, le Roi etant à Paris aiant ce jourdhui
pourveu le sr Baradat de l'Etat et charge de son 1er Escuier, par
la demission volontaire que le sr de Liancourt en a faite en nos
mains, comme il s'est pareillement demis de la Capitainerie de
l'hostel de Bourbon près le Louvre et logement d'icelui que Sa
Majesté luy avoit cydevant accordé par Brevet du 3 Novembre 1620
dont la Copie collationnée est cy attachée avec sa démission,
sadite Maté a liberallement accordé audit sr de Baradat ladite
Capitainerie et logement dudit hostel de Bourbon, ses apparte-
nances et dépendances pour en jouir par lui tout ainsi qu'en a joui
led. sr de Liancourt, m'aiant sa dite Maté commandé d'en expedier
au dit sr de Baradat le présent Brevet qu'elle a voulu signer de sa
main et fait contresigner [1].

En appendice à cette Ecurie du Roi j'ai ajouté les rares docu-
ments que j'ai pu rencontrer jusqu'ici relatifs à la fauconnerie et
vénerie royales, dont le premier, porté par Henri IV, est rappelé et
confirmé par son fils. Grand chasseur, Louis XIII avait certaine-
ment réglementé avec soin les états de sa vénerie, bien qu'on ne ren-
contre à peu près rien sur cet article dans les Mélanges Clairambault et autres collections similaires, et que le seul état de 1640,
imprimé après la mort du roi, nous ait conservé la liste de ces diffé-
rents services.

---

1. *Ibid.*, fol. 27. — Suit cette autre référence : « Retenue de 1er Escuier
du Roi pour M. le Duc de St Simon, du 16 mars 1627 ». Enfin, au fol. 27 vo, la
mention des 3000# à payer à M. de Saint-Simon d'après l'Etat des officiers
de la maison du roi, du 1er janvier 1631 « arresté à Paris le 7 mars 1631 ».

L'ÉCURIE DU ROI LOUIS XIII

ESTAT DE LA DESPENCE

DE L'ESCURYE DU ROY QUE LED. SEIGNEUR A COMMANDÉ ET OR-
DONNÉ ESTRE FAICTE ET PAYÉE PAR Mr PIERRE MAUGIS, CONS^{er}
DUD. SIEUR TRESORIER RECEVEUR ET PAYEUR DU FAICT ET DES-
PENCE DE LAD. ESCURRYE PENDANT L'ANNÉE COMMENCÉE LE PRE-
MIER JOUR DE JANVIER *mil six cens trente un* ET FINIE LE
PERNIER DÉCEMBRE AUD. AN.

PR[EMIER]EMENT

Estatz et Gages

1 A Mre Roger, Duc de Bellegarde, pair et Grand Escuyer
de France, à cent livres par
mois.............. XII^c ℔

2 A Mr Pierre Maugis, Con^{er} dud.
sieur, Receveur et payeur du
faict et despence de lad. Escurye, pour ses gages de tresorier
receveur et payeur et pour la
moytié de l'ancien
triennal.......... III^m III^c ℔

3 A Mr Claude Guillard, aussy
Con^{er} dud. S^r, Tresorier receveur et payeur du faict et des-
pence de lad. escurye, pour ses
gages de tresorier Receveur et
payeur et pour la moytié de
l'ancien triennal... III^m III^c ℔

4 Aud. Sr Maugis, aussy Con^{er} dud.
Sieur, tresorier receveur et
payeur triennal de lad. Escurye
nouvellement créé, pour ses
gages et droictz de tresorier
Receveur et
payeur...... III^m VII^c XX ℔

5 A Mr Christophle Martin, Con^{er}

dud. S^r, Con[trol]eur et Inten
dant de lad. Escurye, trois mil
livres, sçavoir xv^c pour ses
gages de Con^{eur} ancien et pour
la moytié de l'ancien triennal,
et pareille somme pour les
gages d'intendant ancien, et ce
par eedict du mois de juin
MVI^c vingt sept...... I^{II}^m ℔

6 Aud. Sr Christophle Martin,
Con^{eur} et intendant alternatif,
et pour la moytié de l'ancien
triennal pareille somme
de............... III^m ℔

A luy pour l'office de Conseiller
Controleur et intendant triennal quatre mil vingt livres, sça-
voir II^m v^c xx ℔ pour ses gages
et droictz de Con^{eur} triennal
créé en VI^c xv, et xv^c ℔ pour
ceulx d'Intendant. IIII^m XX ℔

ESCUYERS

7 Au s^r de Presles, pour avoir la
charge de la grande es-
curye............... VI^c ℔

IIII^c ℔

8 Au s^r de Bebeze, pour avoir la
charge du haras de Sa Ma^{té}.

Ecurie

9 Au Sr de Bellaulle.
10 Au Sr de Sufferte Loirat.
11 Au Sr de Pouraucourt.
12 Au Sr de Vantelet.
13 Au Sr de Coulenges.
14 Au Sr de la Riuicrerolland.
15 Au Sr de Boucarre.
16 Au Sr de Pradines.
17 Au Sr de la Boulidiere.
18 Au Sr de Lemont.

AUTRES ESCUYERS

IIIe ₶

19 Au Sr Roger Lytolphy.
20 Au Sr Cornelian.
21 Au St Benjamin.

IIe XXV ₶

22 Au Sr de Maisoncelle, Michel le Gros.
23 Au Sr de Sufferte laisné.
24 Au Sr de la Clavelle.
25 Au Sr de Beaurepaire.   IIIIe ₶
26 Au S^r d'Hurles......   IIIIe ₶
27 Au s^r de la Sourdiere.   IIe XXV ₶
28 Au Sr de Blanchefort.   VII^{xx} X ₶

HERAULTZ D'ARMES

29 et 30 A Hector Le Breton, Roy d'armes des françois du tiltre de Montjoye St Denis, et François Le Breton, son filz, à condition de survivance....   M ₶
31 Sanson le page, premier herault d'armes du tiltre de Bourgongne................IIIe ₶
32 et 33 François de Ronchivol, dit de l'Isle, heault d'armes du tiltre de Bretagne, et Enemond de Ronchivol, son frere, à condition de survivance....   C ₶
34 et 35 François Le Massonnet, du tiltre de Daulphiné, et Claude Le Massonnet, à condition de survivance............   C ₶
36 Edme Gaignieres, du tiltre d'Alençon............   C ₶

TROMPETTES

IX^{xx} ₶

37 Guillaume Roddes le jeune.
38 François Pelissier.
39 Gratien Lissaude.
40 Jean Roddes le Cadet.
41 Charles Roddes.
42 Jean Linet.
43 Guillaume Roddes l'aisné.
44 Pierre Gilbert.
45 Jean Roddes l'aisné.
46 Jean de St Romain.
47 Estienne Roddes.
48 < Jacques Le Vasseur >.
49 Charles le Vasseur. (Ce changement a esté mis sur l'estat de 1634.)

GOUVERNEURS ET VALETZ DES PAGES

50 Adrien Petit ....   C ₶

LXXV ₶

51 Jean de Brelh.
52 Mathieu Coulon.
53 Louis du Faussart.
54 Pierre de la Vocrye, dit Villesec.
55 Pierre Cailly.
56 Louis Le Nain.
57 François Langlois.
58 Nicolas Allard, valet des pages, qui n'aura aulcune nourriture ny rescompence, aura seulement pour ses gages...... LXXV ₶
59 Bertrand de la fondz, gouverneur et valet desd. pages. LXXV ₶

FOURRIERS

VIII^{xx} V ₶

60 Alexandre Montault.
61 Pierre Nouet.
62 René Nobileau.
63 Guillaume Lemaire.
64 Pierre de la Planche.
65 Jean Lomerat.
66 Nicolas de Turmeine, dit Lamairie.

67 Nicolas Leger.

68 Hierosme Texier.

GRANDZ LACQUAIZ POUR COURIR

qui serviront à gages et accoustrement

II° LV # X'

69 Hierosme Merlingues.

70 Jacques Langlois, dit Maradan.

71 Raymond de Launoy.

72 Mathurin Boyon.

73 Raymond de Lissaldes.

74 Estienne Guivry, dit Baron.

75 Jacques Barateau.

76 Claude Bernache.

77 Nicolas Bocquet.

78 Pierre de la Legune.

79 <Pierre de la Chapelle, dict Canart>.

80 A Jacques de la Chapelle. (Ce changement a esté mis sur l'estat de 1634.)

81 Jean Rollet.

82 Abraham Berault.

83 Mathieu Chepre.

84 Claude Pelletier.

85 François Videquin.

86 Gaston de Grosmendé.

87 Jacques Lefebvre.

88 François Palluau.

89 Charles Thierry.

90 Gamaliel Odouet.

91 Bernard Bernache.

92 Hercules Gruau.

93 et 94 Dominicque Bidequin et Pierre Bidequin, son filz, à condition de survivance.

95 François Lair, dit Le Rablé.

96 Adrien de la personne.

97 Pierre de Gavre, dit Barderosse.

98 Jean Sornette.

99 Georges Parmentier, dit La Chambre.

100 Guillin de Goyennes.

101 Macé Pinson.

102 Claude Rablé.

103 Arnaud de Casenauve.

104 Jean Tuillier, dit La Jeunesse.

105 Jean de Lissalde.

106 < François Cheuvry >.

107 Pierre de la Chappelle par sa dem¹ (sic). (Ce changement a esté mis sur l'estat de 1634.)

SIX VALETZ DE PIED DU ROY ESTANT DAULPHIN

Nommez :

108 Pierre de la Roque, dit Sauveterre.

109 Raoul Pean.

110 Jouan de Pautet.

111 Pierre Bouchot.

112 Seuvran de Naully.

113 Louis Cauchois.

au lieu de IIII° # qu'ils souloient avoir auront seullement II° LV # X' chacun par an........ XV° XXXIII #

PALFRENIERS

IX^{XX} #

114 A Pierre Cappon.

115 Guillaume du Moulin.

116 et 117 Gabriel Bouhault et Gabriel Housan, son gendre, à condition de survivance.

118 Guillaume Sallé.

119 Guillaume Gueslin.

120 Pierre Le Conte.

121 Claude Pain.

122 Anthoine Othon.

123 Robert du Bois.

123*Martin Gambon.

124 Mathurin Vuarnier.

125 Claude Petitjean.

126 Pierre Soret.

127 François Regnault.

128 Claude Beroult.

129 François du Colet.

130 Thomas Hubert.

131 Jean Bossu.

132 Jean Pichon.

133 Julien Le Bossu.

134 Jean Bouteiller.

135 Michel d'Aubremont.

136 Michel Guyet.

137 Nicolas Riotte.

138 Jean Godart.

139 Anthoine Perrin.

140 Jacques Charlotte.

141 François Bouhoud.

142 Pierre Beaubois.

143 Pierre Boulot.

144 Nicolas Tristan le Jeune.

145 Claude Sageret.

146 et 147 Pour deux palfreniers pour penser et servir les grandz chevaulx, nommez Jean Cahors et Guillaume Sallé, à chacun IIIe ℔ par an tant pour leurs gages que rescompence...... VIe ℔

CONDUCTEURS DES COCHES, CARROSSES ET CHARIOTZ

IX^{xx} ℔

148 Jean Bouhaut.

149 Martin Huet.

150 Mathieu Matelin.

151 Yvon Moysan, postillon.

152 Jean Bourbon, cocher du corps dud. S^r estant daulphin, au lieu de C ℔ qu'il avoit de gages et XV^s par jour pour sa nourriture, aura seulement, comme ceulx du feu Roy, pour ses gages et nourriture... IX^{xx} ℔

153 Claude Millet, a^{e} tre cocher, au lieu de VII^{xx} X ℔ qu'il avoit de gages et XV^s par jour pour sa nourriture, aura seulement pour ses gages et nourriture............. IX^{xx} ℔

154 Marin Blachy, autre cocher, au lieu de C ℔ de gages qu'il avoit et XV^s par jour pour sa nourriture, aura seulement, pour ses gages et nourriture... IX^{xx} ℔

155 Guillaume Petit.

156 Jean Adam, faiseur de carrosse de Lorraine........ VII^{xx} X ℔

MARESCHAULX DE FORGE

VII^{xx} ℔

157 Christophle Brayer.

158 Pierre du Plessis.

159 François Aupais.

160 Charles Noel.

161 Jean Leault.

162 Julien Triboulet.

163 René Garoncheau.

164 Led. René Garoncheau.

AUTRES OFFICIERS SERVANS EN LAD. ESCURYE

165 A François de Sufferte, abbé de Bourné, aulmosnier...... C ℔

166 A Raymond d'Angres, s^r de Boucarré, aulmosnier......... C ℔

167 A Mr Guillaume Granger, médecin en l'art vétérinaire. IIIIe ℔

168 François Jacquinot, sommier d'armes.............. IIII^{e}L ℔

169 Pour Le Normand, précepteur des pages de la Grande escurye pour ses gages et entretenement à cause de sond. estat........ IIe XXV ℔

170 Estienne Mazuyer, precepteur des pages de la petite Escurye, aussy pour ses gages et entretenement à cause de sond. estat, et pour fournir de livres, pappier et autres choses requises pour l'estude sans qu'il en puisse faire parties. IIe XXV ℔

171 Nicolas Prou, Sr Descarneaux, precepteur des pages du Roy estant daulphin pour ses gages et sans aulcune nourriture ny rescompense......... IX^{xx} ℔

172 et 173 Jean et Noel de la Mothe, pere et filz, à condition de survivance, Balladins pour monstrer aux pages de la grande escurye............. IX^{xx} ℔

174 Lambert Loré, baladin pour monstrer aux pages de la petite escurie......... IX^{xx} ℔

176 [*Jacques*] du Brouilh, argentier et proviseur de la Grande Escurye.................. C ℔

177 Jacques de la Bataille, argentier

et proviseur de la petitte escurye.................. c #

178 Jacques Surrin, voltigeur............. VI^{xx} XV #

179 Charles Lamy, fourrier... cx #

180 Jacques Droutot, gardemeuble.............. cx #

181 Pierre Charretier, gardemeuble.............. cx #

182 Louis Loiseau, lavandier de la grande es^{rie}............. c #

183 Cantien Huet, lavandier de la petitte escurye....... c #

184 et 185 Nicolas Tristan le jeune, cuisinier de la grande escurye, et Nicolas Tristan, son filz, à condition de survivance l'un et l'autre.................. c #

186 Brice Barat, autre cuisinier. c #

187 Charles Peletier, cuisinier de la petitte escurye......... L #

188 François Crosnier, autre cuisinier de la petite escurie..... L #

189 Denis Le Sage, app[oticai]^{re} de la Grande Escurye..... LXXV #

190 François Baragron, app^{re} de la petitte escurye...... LXXV #

191 et 192 Nicolas de Cuigy, portemanteau, et Louis de Cuigy, son filz, à condition de survivance................ IIII° #

193 Louis Lestouvant, chirurgien des Escuyers............. II° #

194 Jacques Le Marié, barbier. L #

195 André Cordelle, barbier... L #

196 Louis de Lestang, gouverneur des pages.................. c #

197 Bernard Bonnet, gouverneur des pages.................. c #

198 Charles Beber, portespée de parement................. c #

199 Roger de Cuigy, portespée de parement............... IIII° #

200 Bernard Faberat, poursuivant d'armes............../... c #

201 Gabriel Letourneur, ambleur......... VI^{xx} XV #

202 Au Sr de Gagincour, portementeau................ II° #

203 Cezar Petit, tireur d'armes de la grande escurye.... II° XXV #

204 Pierre Petit, tireur d'armes de la petitte escurye.... II° XXV #

205 Pierre Mouton, gouverneur des pages................. c #

206 Augustin Leme, voltigeur. II° #

207 Jacques Suart, barbier.... c #

208 Pierre Bernier, portespée de parement.................. c #

209 François du Port, gouverneur des pages............ II° #

210 Léonard Le Grand, portemanteau.............. VII^{xx} X #

211 Jacques Allard, poursuivant d'armes............. II° #

212 et 213 Jean Hayt et François Huué, concierge de la grande escurye du Roy à Fontainebleau, à survivance l'un de l'autre.............. L #

214 Claude du Bois, fourrier. II° XX #

CHEVAULX A LIVRÉES

215 Pour la livrée de Monsieur le Grand, tant pour la despense des chevaulx qu'aultrement.............. X^m II° #

216 Pour la livrée et despence de quatre chevaulx au premier escuyer, à raison de xv^s par jour......... VIII° LXXVI #

217 Pour la livrée et despence de trois pages et trois chevaulx au s^r de Presles... II^m VI° LVII #

218 Pour la livrée et despence de trois chevaulx au s^r de Sufferte............ VI° XXXVIII #

219 Pour la livrée et despence de deux pages ordonnez à la suitte dud. s^r de Sufferte, à raison de xv^s par jour pour la nourriture de chacun et II° XL # pour l'entretenement d'habitz à chacun......... MXXVII # X^s

220 Pour la livrée despence et nourriture de trois chevaulx ordonnez à chacun des receveurs et controlleurs de lad. escurye à raison de xv s. par jour pour chacun cheval y compris l'antien triennal. III^m II° IIII^{xx} V #

221 Pour la livrée et despence d'un page et d'un cheval au s^r de Belleuille............ IIII° #

222 Pour la livrée et despence d'un page et d'un cheval au sr de Bebezé............. IIIIᶜ #

223 et 224 Pour la livrée et despence de deux chevaulx à Hector et François Le Breton Roy d'armes, à condition de survivance, et pour leur droict d'habillement et autres choses à eulx accordées par Brevet du Roy du xᵉ novembre MVIᶜ dix sept VIᶜ #

225 Pour la livrée et despence d'un cheval à Nicolas de Cuigy portemanteau et pour son droict d'habillement... VIᶜ #

226 Pour la hacquenée d'eschansonnerie de Sa Maᵗᵉ et du cheval qui sert à la mener en main, à raison de XVˢ par jour pour les deux..... IIᶜ LXXVI # XVˢ

227 Pour la despence du sommier qui porte les bouteilles.. CVIII #

228 Pour la despence de celuy qui porte la fruiterie.... CVIII #

229 Pour la despence de celuy qui porte la vaisselle.... CVIII #

230 Pour la despence de celuy de l'advertisseur....... CVIII #

231 Pour la livrée et despence d'un cheval à Roger de Cuigy, portespée de parement, et pour son droit d'habillement.... VIᶜ #

232 Pour la livrée et despence d'un cheval à Monsieur de Lomenie, secretaire des commandemens de sa Maᵗᵉ....... IIᶜ XIX #

233 Pour la livrée et despence d'un cheval au sr de Vantelet IIIᶜ #

AUTRES DESPENCES

234 Pour la nourriture de quarante pages en touttes les escuryes dud. seigneur à raison de xxˢ par jour chacun. XIIIIᵐ VIᶜ #

235 Pour la nourriture et entretenement de huict pages à la suitte de Monsieur le Grand, achapt de chevaulx, livrées et nourriture d'iceulx y compris leurs lictz et valetz pour les servir................ Xᵐ IIᶜ #

236 et 237 Pour la nourriture et despence de seize petitz laquais dud. sr compris Cezar et Regnault qui menent le petit carrosse de Sa Maᵗᵉ, à la susd. raison de xx s. par jour.......... Vᵐ VIIIᶜ XL #

238 Pour la nourriture entretenement et gages de XL aydes palfreniers à raison de XVI # par mois chacun....... VIᵐ IIᶜ #

239 Pour les habillemens des susd. XL pages à raison de IIIᶜ chacun................. XIIᵐ #

240 Pour les habillemens de cinquante huict valetz de pied à raison de IIIᶜ # chacun........... XVIIᵐ IIIIᶜ #

241 Pour les habillemens de cent Suisses de la Garde du Roy......... VIIᵐ Vᶜ #

242 Pour les habillemens de six trompettes........... XIIᶜ LX #

243 Pour les banderolles et cordons desd. six trompettes.... M #

244 Pour les habillemens desd. Receveurs et Con[troll]ᵉᵘʳˢ......... IIᵐ IIIIᶜ #

245 Pour les meubles et ustancilz qu'il fault esd. escuryes pour lesd. pages, refaçon d'habitz, payement de drogues et medecines aux app[oticai]ʳᵉˢ et chirurgiens et autres parties extraordᵉˢ par estimation........... VIIIᵐ #

246 Pour blanchissages desd. pages et petitz lacquais par estimation................. Vᶜ #

247 Pour les habillemens de huict cochers & un postillon à raison de IIᶜ # chacun.... XVIIIᶜ #

248 Pour le deffroy et desroyᵗ de logis desd. escuyers par estimation.............. IXᶜ #

249 Pour la nourriture et despence de bouche de quatre vingts dix

---

1. On lit dans Furetière, au mot *defray:* « paiement de la dépense d'une maison et d'un équipage », Absent de Richelet et du *Dictionnaire* de l'Academie.

chevaulx en la grande escurye durant les cinq premiers mois et de cinquante six chevaulx nouriz en lad. es[cu]^{rie} durant les sept derniers mois à raison de xv^s par jour pour chacun cheval ..... XIX^m CIIII^{xx} # X^s

250 Pour la nourriture et despence de quatre vingtz dix chevaulx en la petite escurye à lad. raison de xv^s par jour chacun... XXIIII^m VIe XXXVII # X^s

251 Pour la nourriture et despence de vingt cinq chevaulx de carrosse, chariotz et charrettes servans ausd. escuyers à raison de xv s. par jour chacun......... VI^m VIIIe LXI #

252 Pour les medecins et medicamens pour lesd. chevaulx par estimation............. XIIe #

253 Pour les ferrures de tous lesd. chevaulx à raison de xx s. par mois chacun.. II^m IIIIe LX #

254 Pour les selles à picquer qu'il convient pour lesd. grandz chevaulx, lunetes et cavessons, entraves et autres choses necessaires, selles, bandes de velours, selles de courtaulz pour la petite Escurye, capparassons et couvertures de tous lesd. chevaulx, housses, bandes de velours et de drap et de simplet pour lesd. Escuyers par estimation...... XII^m #

255 Pour les morz, estrieux et bossettes qu'il convient pour tous lesd. chevaulx..... II^m IIIIe #

256 Pour l'achapt des chariotz, charrettes harn[ois] de chevaulx de carrosse, rabillage et entretenement de tout cet esquipage par estimation...... III^m #

257 Pour les Gettons, tappis et garderobbes, y compris l'antien triennal............. VIIIe #

258 Pour la rescompense ord^re desd. Receveurs et Con[trol]^{leurs} en charge à cause de la despence qu'ils font à la suitte de la cour l'année de leur exercice, en comptant l'antien triennal............., XVIIIe #

259 Pour les taxations des commis desd. receveurs et con^{eurs}. IIe #

260 Pour le droict de messieurs des comptes, espèces et façon de comptes............ II^m #

261 Pour le port et voiture de deniers recouvremens des assignations qui seront baillées au tresorier de lad. escurye et charge pour les despences ord^{res} d'icelle de l'année du present esiat, tarres (sic) de sacz et espices, la somme de trois mil livres à laquelle Sa Ma^{té} a taxé moderé et arresté tous lesd. fraiz sans que le comptable en puisse pretendre ny esperer autre plus grande taxé ny aussy qu'il soit tenu bailler ny rapporter aulcun estat declaration ny acquist desd. fraiz cy................ III^m #

HARAS

262 Pour la nourriture et despence du haras du Roy qui conciste en grand nombre de chevaux de cour venuz du haras et mis en lad. Es[cu]^{rie} entre le nombre des jeunes chevaulx de l'année derniere qui sont ordinairement à l'estable pour y estre domptez, la nourriture de deux pages, les gages et estatz des palfreniers qui sont en nombre de trois, assavoir :

263, 264 et 265 Noel Aubry, Pierre Vincen, et Jean Béranger, à chacun d'eulx six vingtz sept livres quinze solz par an, ceulx des gardes du haras, qui sont en nombre de quatorze assavoir :

266 Charles Seruant.

267 Noel Cousin.

268 Jacques Deshayes.

269 Toussaint Lidet.

270 Michel Lenoble.

271 Hierosme Deshayes.

272 Gabriel Rocherot.

273 Claude Compagnon.

274 Claude Lavigne.

275 Jean Ozon.

276 Jean Gallart.

277 Guillaume (Ph[i]l[ip]es.

278 et 279. Jean Deshayes & Jacques Lormier.

A chacun d'eulx vɪ^{xx} x ℔ xvɪɪ^s par an, compris la nourriture de leur chien à raison de vɪ^d par jour.

280, 281, 282 et 283 Ceulx de Henry Andrez, mareschal de forge, à c ℔ par an, et à Pierre Lotif et Anthoine Froget, chirurgiens à condition de survivance l'un de l'autre, aux gages de c ℔, et à Jean de Gebemesnil, dit du Mesnil, app[oticai]^{re} aux gages de c ℔, et autres despences qu'il conviendra faire en la presente année, en ce compris les jeunes poulains qui sont à present en la despence du haras à la mesme raison des estallons et pour la despence et sallaire des aydes qui les pensent (sic), ferrures et medecines desd. chevaux, esperonnerie, capparassons et autres menus necessitez, par estimation la somme de dix mil cinq cens livres, dont il en sera payé comptant des deniers ordonnez pour cet effect la somme de quatre mil livres compris vɪ^e ℔ d'augmentation et le surplus montant vɪ^m v^e ℔ en sera baillé assignation au Receveur de lad. Escurye sur les deniers qui seront ordonnez pour payer lad. somme, partant cy.......... ɪɪɪɪ^m ℔

AUTRE DESPENCE

qui sera faite et payée des deniers qui seront ordonnez pour cet effect.

284 Pour la nourriture des muletz de la chambre........néant.

285 Pour les couvertures desd. muletz................. ɪɪ^m ℔

286 Pour l'achapt des chevaulx de la grande escurye.. xvɪɪɪ^m ℔

287 Pour les voittures qu'il conviendra faire en l'année du present estat tant pour porter les coffrets de la chappelle dud. s^r, ceulx des officiers, selles et harnois de la grande et petitte escurye, meubles, ustancils des pages et autres esquipages que pour les coffrets de la Garderobbe, par estimation.. ɪɪ^m ℔

288 Pour l'achapt des selles de velours enrichies de passement d'or, d'argent et de soye et pour les housses riches. vɪ^m ℔

289 Pour l'achapt des mordz dorez, estrieux d'or, fers de lances et autres choses qui se prendront pour plaisir, joustes et tournois, par estimation xvɪɪɪ^m ℔

290 Pour rabillages d'estables, façons de carriere et autres menues necessitez & despence. vɪ^m ℔

291 Pour les habillemens de douze joueurs de haultbois, cornetz, violles et sacquebouttes[1], à raison de vɪɪ^{xx} x ℔ chacun par an.............. xvɪɪɪ^c ℔

292 Pour les habillemens de quatre joueurs de haultbois, cornemuses et musettes de Poictou, à raison de vɪɪ^{xx} x ℔ chacun par an............. vɪ^c ℔

293 Pour les habillemens de six joueurs de phiffres, tambourin et musette à vɪɪ^{xx} x ℔ chacun.............. ɪx^c ℔

294 Pour les habillemens de six trompettes à deux cens dix livres par an chacun..... xɪɪ^c ʟx ℔

295 Pour la livrée et despence d'un cheval au s^r Gaignieres portemanteau............ vɪ^c ℔

296 Pour les coctes d'armes de quatre heraultz............ xve ℔

297 et 298 A Pierre Petit trompette des Guides et François Dijon, pour servir par semestre, à la

---

1. Saquebute : instrument à vent, espèce de trompette harmonique,... elle sert de basse-taille aux hautbois. (Furetière.)

survivance l'un de l'autre par lettres du XXII° Decembre MVI° XVIII............. III° #

299 Pour la livrée et despence d'un cheval au sr Secousse et pour son droict d'habillement VI° #

300 Au sr de Genest conducteur du chariot d'armes de Sa Majesté................. C #

301 Pour la livrée et despence d'un cheval au sr de Pradines, Eser, et pour son droict d'habillement............... VI° #

302 Pour la livrée et despence d'un cheval au sr de Perreuse, escuyer, et pour son droict d'habillement........... VI° #

CHEVAULX A LIVRÉES

303 Pour la livrée et despence de quatre chevaulx aux Srs Secrétaires du Cabinet de Sa Maté à raison de XII° chacun....... VIII° LXXVI #

304, 305, 306 et 307 Pour la livrée et despence de quatre chevaulx aux Srs Beringhen, Soupistre, d'Armagnac et Jacquinot, premiers valetz de chambre de Sa Maté.......... VIII° LXXVI #

308 Pour la livrée et despence d'une hacquenée à Madame la nourrice du Roy...... II° XIX #

309 Pour la livrée et despence de deux chevaulx pour les mareschaux de forge de la grande et petite Escurye à VII # X° par mois............... IX°° #

AUTRES OFFICIERS SERVANS EN LAD. ESCURYE

qui seront payez de leurs gages des deniers que Sa Maté ordonnera pour cet effect.

Escuyers

III° #

310 Au Sr de Chennecy.

311 Au Sr de La Moriniere, Jean Guerois.

312 Au Sr de la Passe.

313 Au Sr Desgarets.

314 Au Sr de Gennes.

315 Au Sr de Saint-Martin.

316 Au Sr de Clamart.

317 Au Sr De la Haye, Charles Desgarets.

318 Au Sr De la Haye, Jean Tuffany.

319 Au Sr de la Martene-Chauvet.

320 Au Sr de Perreuse.

321 Au Sr Bastonneau.

322 Au Sr Tubeuf.

323 Au Sr Petit.

324 Au Sr de La Deveze.

325 Au Sr Du Saulx.

326 Au Sr Bossety.

327 Au Sr de Chamvarot, Pierre du Bos.

328 Au Sr de Luzeres.

329 Au Sr de Lozans, Benoist Catuz.

330 Au Sr de Boirye.

331 Au Sr de Graves.

332 Au Sr Desqueduz.

333 Au Sr Jacques Ferrant. IIII° #

334 Au Sr de Bebezé, Anthoine de Pacquilharares....... III° #

IIII° #

335 Au Sr de Beaumont.

336 Guillaume Artus, Sr de Feuquerolles et de Prevas.

337 Au Sr de St Cir, François de Rochechouart.

338 Au Sr Damanzé.

339 Au Sr de Morvilliers, Jacques Chailleu.

340 Au Sr Deshayes.

III° #

341 Au Sr de Bissy.

342 Au Sr de Bragny, Louis de Thiart.

343 Au Sr de Florence.

344 Au Sr de Royles.

345 Au Sr de Pallage, Louis de Maillac.

346 Au Sr de La Jaille.

347 Au Sr de Bussy, Pierre Blondeau.

348 Au Sr Alexandre de Verdusan.
349 Au Sr Dorigny.
350 Au Sr du Bouchet.
351 Au Sr de Lechac.
352 Au Sr Lobineau.

Heraultz d'armes.

c #

353 Au Sr de Cherrieres, Sr Demontz, juge d'armes.
354 Edme Fromaget, herault d'armes du tiltre de Berry.
355 François Brosseau, du tiltre d'Auvergne.
356 Anthoine Charmoulure, du tiltre de Guyenne.
357 René Nobileau, du tiltre de Picardie.
358 Guy Haultemps, du tiltre de Champagne.
359 Bien Garde, du tiltre de Valois.
360 Pierre Pingues, du tiltre de Bourbon.
361 [   ] Loyade, du tiltre d'Anjou.
362 Samuel Servat, du tiltre d'Orleans.
363 Anthoine du bois, du tiltre d'Angoulesme.
364 René Cireu, du tiltre de Provence.
365 Esme Le Vasseur, du tiltre de Lyonnois.
366 Gilles Quentin, du tiltre de Normendye.

Poursuivans d'armes

c #

367 René Hervé.
368 Jean Valier, Sr du Bost.
369 Samuel Servat.
370 Anthoine Potier.
371 Jean Bordier.
372 Benoist Le Gras.
373 Claude Doublet.
374 René Maru, poursuiv^t.

Autres officiers qui seront payez comme dict est.

c #

375 Mathurin Brochant, marchand fournissant les escuryes.
376 Pierre Morel, esprouvier.
377 Claude Mosnier, esprouvier.
378 Pierre Goslin, tailleur.
379 Anthoine Crosset, bourrelier.
380 Pierre de Lorme, tailleur.
381 Claude de Lorme, tailleur.
382 Jean Janvier père, chaussetier.
383 Jean Janvier fils, chaussetier.
384 Jacques du Val, tappissier.
385 Pierre Le Grand, passementier.
386 François de Quen, cordonnier.
387 Jacques Poteau, cordonnier.
388 Michel Lyenard, cordonnier.
389 Jean Druel, pour avoir la charge de mener le chariot d'armes de Sa Ma^{té} qu'il est tenu tenir prest touttesfois qu'il sera mandé.
390 Abraham Godart, brodeur (Cf. 405).
391 Jean Brie, chirurgien.
392 Nicolas Remy, tailleur.
393 A [   ] Bavour, aulmosnier. iii° #

c #

394 Laurent de Laulnay, tappissier.
395 Anthoine de La Roque, tailleur.
396 Nicolas Gehenault, pottier d'estain.
397 Jean Gamont, sellier.
398 Louis Barbotteau, autre sellier.
399 François Regnault, dit La Roque, courtier [1].
400 Jean de la Genevre, charron.
401 Jean Menier, Brodeur.
402 Louis Barbotteau, gardemeuble de la petitte escurye. vi^{xx} xv #
403 Jean Fauue, medecin. iii° #

1. Furetière dit, au mot « courtier ou couratier: « qui s'entremet pour faire des ventes de marchandises et prêts d'argent ».

404 Eustache Asselin, fourrier.............. II° XX #
405 Abraham Godart, bro-
deur............. C #

Armuriers

XXX #

406 Pierre Midan, fourbisseur.
407 Claude Flaschas, damasquineur
enrichisseur d'espées.
408 Robert Cambert, fourbisseur.
409 ⸨] Du Hainaulz, harquebu-
sier.

Joueurs de Phiffre, tabourin et musette.

VI^xx #

410 Georges Gaigneres, phiffre.
411 Jacques Traversier, tabourin.
412 Jacques Michel, phiffre.
413 Ancelot Cocquatrix, tabourin.
414 Jacques Fontaine, tabourin.
415 Thomas Masurier, phiffre.
416 Ambroise Michel, tabourin.
417 Guillaume Bigot [1].

Joueurs de saqueboutte

IX^xx #

418 Estienne Beranger, gros haultbois.
419 Gaspard Marin, dessus de cornet.
420 < Michel > Vinart, taille de
haultbois.
421 En son lieu Louis Chesuin, dit la
Chesnette, par mort.
422 Léonard d'huy, dit Poilblanc, dessus de cornet.
423 Jean Henry, haultcontre de haultbois.
424 François Viart, dessus de haultbois.
425 Jean Regnault Descuuille, sacqueboutte.
426 Jean Le Guet, sacqueboutte.
427 Jean Baluet, gros haultbois.

428 Mathurin de Loussan, haultcontre
de haultbois.
429 Charles Drouart, sacqueboutte.
430 Jean Hutin, taille de haultbois.
431 Christophle Berenger, haultcontre
de haultbois.

Haultbois de Poictou

IX^xx #

432 A François Bien, bassecontre de
musette de Poictou.
433 Jean Destouches, taille de haultbois, bassecontre de musette de
Poictou.
434 Louis Bien, taille de hautbois
et joueur de cornemuse.
435 Pierre Savin, dessus de haultbois
de Poictou.

AUTRES OFFICIERS

qui seront payez des deniers qui seront
ordonnez pour cet effect

436 A Charles Tarteron, aulmosnier................. III° #
437 Pierre Denau, pour avoir la charge
des escuyers du Roy en la ville
de Blois............. C #
438 Adrien Secousse, portespée de
parement........... III° #
439 Au Sr Dorgeual, portespée de parement.
440 Mathurin Durant, herault d'armes, du tiltre de Tou-
raine............... II° #
441 Daniel Huet, herault d'armes du
tiltre de Bourbon...... C #
442 Jacques Le Noir, poursuivant
d'armes.............. C #
443 Robert Descourty, portemanteau................ II° #
444 Valentin Manolle, fourrier. C #
445 Anthoine Montgin, poursuivant
d'armes.............. C #
446 Melchior Mazuyer, portemanteau................ C #
447 Mathieu Vinot, portemanteau............... III° #

---

1. Il n'y a aucune désignation après son nom.

448 Louis-Octave de Gondrin, aulmosnier............. iii° #

449 Isaac Le Lieur, portespée de parement .... iii° #

450 [   ] du Buisson, portespée de parement .... iii° #

451 Samuel Leschalas, fourrier............... ii° xx #

452 Estienne Lointier, fourrier............... ii° xx #

453 Jean Bauldry, aulmosnier.............. iii° #

454 Anthoine Constantin, portegaban '................ ii° #

455 Edme Blondet, herault d'armes................ ii° #

456 Jean de Geresme, palfrenier .... ix×× #

457 Jean Libault, tailleur.... c #

458 François Tevenin, chirurgien............... ii° #

459 Jean Potin, cordonnier.. l #

460 Jean Doge, médecin..... iii° #

461 Nicolas Drouin, marchand mercier.................. xxx #

462 Jean Mayet, opperat' pour la maladie contagieuse....... c #

463 Thomas Verbehec, marchand mercier................ xxx #

464 [   ] Secousse, Gouverneur des pages.................. c #

465 Sebastien Chenon, tailleur. c #

466 Berthelemy Gaultier, marchand de soye................ c #

467 Nicolas Joly, fourrier. ii° xx #

468 Eleonor de Recouvrance, peintre................ ii° #

469 Pierre Boulin, portegaban.................. iii° #

470 Cezar de Mun, aulmosnier................ iii° #

471 François Hamont, aulmosnier............. iii° #

472 Claude de St Anne, brodeur............... xxx #

473 Jean Fournier, chaudronnier, batt' admendeur........ c #

474 Nicolas Brochant, herault d'armes.

475 Julien de Loynes, portegaban................. iii° #

476 Roland Le Tasneur, valet des pages............. lxxv #

477 Louis Boyer, portegaban. iiii° #

478 Jean Guerot, portemanteau................. iii° #

479 Nicolas Jacob, tailleur.. c #

480 Jean Guillot, aulmosnier. iii° #

481 Jacques Poppine, portegaban............... ix×× #

482 Nicolas Bernon, dit Belleville, tailleur.............. c #

483 Vivant Le Leuil, Gouverneur des pages............. c #

484 Jean Fort, chirurgien et renoueur...., ... c #

485 Nicolas Paris, portemanteau................. iii° #

486 Guillaume de La Croix, tailleur................. c #

487 Au Sr Le Clerc le Breuil, portespée de parement .... iii° #

488 Jean Goujon, valet des pages............... lx #

489 Phles Boulan, portegaban. c #

490 Blaize C ærin, barbier... c #

491 Esme Maistred'hostel, chirurgien............... c #

492 Pierre du Puy, tailleur... c #

493 Vital Descomps, portegaban................. iii° #

494 Michel Galet, brodeur.. c #

495 Simon Pinson, faiseur de carrosses............ lxxv #

496 Jean Ardenjan, tailleur. c #

497 Adrien Brisquignan, tailleur............... c #

498 Pierre de Dessuslemoustier, poursuivant d'armes........ c #

499 Jean de la Vau, tailleur... c #

1. Le mot manque dans les Dictionnaires anciens. On lit dans Furetière : « Gaban, manteau de feutre à long poil qu'on portait autrefois contre la pluie. »

500 Michel Eerault, herault d'armes................... c #
501 [   ]Andinot, poursuivant
   d'armes............... c #
502 Mathieu Le Mire, tailleur.. c #
503 [   ]Maubert, Gouverneur
   des pages............. c #
504 Jean de la Vau, tailleur... c #
505 Jean Fauvet, boulanger... c #
506 Didier Pasquier, tailleur... c #
507 Vavrin Blanchard, cordonnier................. c #
508 Jean Daussure, tailleur.... c #
509 Abel Bernard, Sᵣ de La Louviere,
   portespée de parement.. c #

OFFICIERS DUD. Sᵣ ROY LORSQU'IL
ESTOIT DAULPHIN

sans gages

510 Anthoine Cypierre, chaussetier.

511 Jean Massoud, mercier.
512 Michel Vilette, mercier.
513 Guillaume Petit, fourbisseur.

OFFICIERS QUI ESTOIENT TANT AUX
FEUZ ROYS DERNIERS DECEDEZ
QU'A SA MAᵗᵉ A PRESENT REGNANT

lesquelz elle a voulu estre renvoyez
en leurs maisons et veult neant-
moings qu'ils jouissent des privi-
lejes.

514 Michel Fulsugierre, valet de pied.
515 Jean Lycnard, mercier.
516 Michel Boestard, valet de pied.
517 Noel Louillar, cuisinier.

Faict à Paris le vingthuictᵉ jour
d'Apvril mil six cens trente trois

ROGER DE BELLEGARDE [1]

1. Clairambault 829, fol. 29 à 49.

EXTRAICT

DES

OFFICIERS DE L'ESCURIE DU ROY

EMPLOYEZ POUR LEURS GAGES,

AU COMPTE DE L'ANNÉE 1641, RENDU PAR Mᶜ NICOLAS LOUVET

Premierement

518 A Mᵉ Henry Ruzé, seigneur de Cinq Mares *(sic)*, grand Escuyer de France à cent livres par mois........... XIIᵉ ₶

519 A Mᵉ Nicolas Louvet, Tresorier, Receveur, & Payeur du faict & dépence de ladite Escurie, pour les gages, y compris moitié de l'ancien triennal réuny........ IIIIᵐ IIIᵉ ₶

520 A luy, encores la somme de trois cens soixante et quinze livres, pour augmentation de gages à luy attribuée par Arrest du Conseil du 23 May 1637........... IIIᶜ LXXV ₶

521 A Mᵉ Pierre Mauger, autre Tresorier, y compris moitié de l'ancien triennal..... IIIᵐ IIIᵉ ₶

522 A luy, la somme de deux cens vingt cinq livres, pour augmentation de gages, à lui attribuée par Arrest du Conseil du 23 May 1637, & Lettres patentes du 24 dudit mois..... IIᶜ XXV ₶

523 Audit Mauger, Tresorier, Receveur payeur triennal du faict & dépence de ladite Escurie, nouvellement créé, pour ses gages & droicts.... IIIᵐ IIIIᶜ XLVI ₶ Vᵉ

524 A Mᵉ Cristophle Martin, Conseiller du Roy, & Intendant de la dite Escurie, sçavoir quinze cens livres pour ses gages de Controolleur ancien, & moitié de l'ancien triennal & pareille somme pour ses gages de Controolleur & Intendant ancien, créé par Edict du mois de juin 1627................ IIIᵐ ₶

525 A luy, pour ses gages de Controolleur, & Intendant alternatif, & pour moitié de l'ancien triennal................. IIIᵐ ₶

526 A luy, pour l'Office de Controolleur, & Intendant triennal, quatre mil vingt livres, sçavoir deux mil cinq cens vingt livres pour ses gages de Controolleur triennal, crée en 1615, & quinze cens livres pour ceux d'Intendant, de laquelle première somme réunie, a esté payé...... IIIᵐ VIIᶜ XLVI ₶ Vᵉ

Somme... XXIᵐ Vᶜ IIIIˣˣ XII ₶ Xˢ

Escuyers.

528 Au sʳ de Presles, ayant charge de la grande Escurie...... VIᶜ ₶

IIIIe #

529 Au s^r de Belleville.

530 Au s^r de Sufferte Loyrat.

531 et 532 A Louys de Lux, s^r de Vantelet, & Roger de Lux, son fils, à survivance.

533 Au s^r de Coullanges.

534 Au s^r de La Boucidiere.

535 Au s^r Dumont.

536 Au s^r de La Barbelair.

537 Au s^r de Breze.

538 Au s^r de Luzers.

539 Au s^r de Pradines.

540 Au s^r de Graves.

541 Au s^r Holgy.

542 Au s^r de Poitrincourt.

543 Au s^r Destruches.

544 Au s^r Delcamps.
Somme. . . . . IIII^m VIe #

Autres Escuyers

IIIe #

545 et 546 Au s^r de Bourdonné, Charles de Cocherel, pour avoir la charge du Haras du Roy & Charles de Cocherel, s^r de Bourdonné son père (sic) à survivance.

547 Au s^r Roger Litolphy.

548 Au s^r de La Riviere Rolland.

549 Au s^r de Boucarre.

550 Au s^r de Benjamin.

551 Au s^r de La Maisonville.

552 Au s^r de Sufferte, l'aisné.

553 Au s^r de Blanchefort.

554 Au s^r de Loron.

555 Au s^r Desguedes.

556 Au s^r de Beaurepere.

557 Au s^r du Pallaye.

558 Au s^r Cornillan. . . . . IIe XXV #

559 Au s^r de La Clavelle. IIe XXV #

560 Au s^r de La Sourdiere IIe XXV #

561 Au s^r de Chanturault . . . . . . c #

562 Au s^r de la Martiniere Chauvet. . . . . c #

563 Au s^r de Gennes . . . . c #

564 Au s^r de Bellauger (sic) . . . c #

565 Au s^r de Chevry. . . . . c #
Somme. . . . . IIII^m VIe LXXV #

Heraults d'Armes

566 et 567 A Hector Le Breton, Roy d'Armes des François, au titre de Montjoye S. Denis & François Le Breton, son fils, à survivance . . . . M #

568 Sanson Le Page, premier Herault d'Armes du titre de Bourgongne . . . . IIIe #

569 Jacques Fortier, s^r du Verdier, Herault d'Armes du titre d'Allençon . . . . c #

570 et 571 François de Ronchivol, s^r de l'Isle, Herault d'Armes du titre de Bretagne, et Ennemont, son fils, à survivance . . . c #

572 Claude Tellier, du titre de Dauphiné . . . . LXXV #

573 Gilles Quentin, du titre de Normandie . . . . LXXV #
Somme . . . . XVIe L #

Poursuivans d'Armes

574 Jacques Allard . . . . IIe #

575 Noel Cormery . . . . c #

576 Estienne Lesbuhy . . . . c #
Somme . . . . IIIIe #

Trompettes

IX^xx #

577 Guillaume Rodes, le jeune.

578 François Pellissier.

579 Gratien Lexandre.

580 Jean Rodes, cadet.

581 Charles Rodes.

582 Guillaume Rodes, l'aisné.

583 Jean Rivet.

584 Charles Berches.

585 Pierre Rodes.

586 Jean de Saint-Romain.

587 Estienne Rodes.

588 Pierre Rodes.
Somme . . . . II^m CLX #

Gouverneurs des Pages

LXXV ₶

589 Adrien Petit............. C ₶
590 Claude Benard........ LXXV ₶
591 Jean Nouet.
592 Louys Dusessart.
593 François Alleaume.
594 Jean Germain de La Chambre.
595 Louis Le Nain.
596 et 597 François Langlois & Louys Anthoine Laugé.
598 Bertrand Delafonds.
599 Nicolas Allart, vallet des Pages.
Somme....... VII° LXXV ₶

Fourriers

VIII×× V ₶

600 Alexandre Montault.
601 Pierre Nouet.
602 René Nobileau.
603 Pierre Passavant.
604 Jean Noel.
605 Jean Lomeau.
606 Nicolas Tourmenie.
607 Nicolas Leger.
Somme........ XIII° XX ₶

Grands laquais pour courir, qui servent par quartier à gages & accoustrement

II° LV ₶ X°

608 Hyerosme Merlingan.
609 Leonard Terray.
610 Raymond Delaunay.
611 Mathurin Boyon.
612 Raymond Delissades.
613 Jean Oranges.
614 Jacques Barateau.
615 Jacques Loyer.
616 et 617 Nicolas Boucquet, & François Boucquet son fils, à survivance.
618 Nicolas Regnard.
619 Jacques Delachappelle.

620 François Estienne, dit Boisdanneau.
621 Jean Bedeille, dit Florisel.
622 Mathieu Chopré.
623 Jacques Sellier.
624 Pierre Durando.
625 Gaston Degosmaude.
626 Jacques Lefebvre.
627 François Palluau.
628 Pierre Sorrois, dit Champville.
629 Gamaliel Odouet.
630 Bernard Bernaches.
631 Hercules Gruau.
632 et 633 Dominicque Videquin & Pierre, son fils, à survivance.
634 François Lair.
635 Adrien Delapersonne.
636 Jean Billaine.
637 Jean Sornette.
638 Georges Parmentier, dit La Chambre.
639 Guillaume Degogenne.
640 Macé Pinçon.
641 Claude Labbé.
642 Armand Decassenauve.
643 Jean Delissades.
644 Pierre Delachappelle.
645 Michel Viault.
646 Raoul Peault.
647 Jouen Depens.
468 Jean Heron.
649 Pierre Pont.
650 Louis Cochois.
Somme.... X™ VI° III ₶ X S.

Palfreniers

IX×× ₶

651 Pierre Cotton.
652 Guillaume Dumoulin.
653 et 654 Gabriel Bouchaud & Gabriel Houssan, son gendre, à survivance.
655 Claude Masson.
656 Guillaume Coslin.
657 Pierre Lecompte.

658 Anthoine Otton.

659 et 660 Jean Raoul, en son lieu Claude Masson.

661 Jean Cotté.

662 Mathurin Varnier.

663 Claude Petitjean.

664 Guillaume Debrinoch.

665 Marceau Chesnard ou Chauvart *(sic)*.

666 Jullien Roulleau.

667 François Ducollet.

668 Thomas Hubert.

669 Jean Bossu.

670 Gilles Bouchourd.

671 Jullien Le Bossu.

672 Jean Boutillier.

673 Michel Dambremont.

674 Noël Laval.

675 Nicolas Riotte.

676 Jacques Charlot.

677 François Bouchourd.

678 Pierre Daubois.

679 Pierre Boullet.

680 Nicolas Audochon.

681 Claude Sageret.

682 Jean Cauchois, tant pour gages que récompense...... III° #

683 Guillaume Sallé, pour gages & récompense.......... III° #
Somme ..... V^m VIII° XX #

Conducteurs des Coches, Carosses & Chariots.

IX^xx #

684 Jean Bouchonoret.

685 Martin Huet.

686 Mathieu Matelin.

687 Claude Poncelet, Postillon.

688 Jean Bourbon.

689 Claude Millet.

690 Martin Blachy.

691 et 692 Hilevert Hué & Pierre Hué. son fils, à survivance.

693 Jean Adam, faiseur de Carosses de Loraine........ VI^xx IX #
Somme .... XV^m IIII^xx IX #

Ecurie

Mareschaux de Forge

VII^xx X #

694 Christophle Bruyer.

695 Pierre Duplessis.

696 Gilles Anglades.

697 Charles Noël.

698 Louys Reault.

699 Jullien Triboullet.

700 René Garroncheau.
Somme............ MCL #

Porte-Espées de parement

701 Charles Bellier.......... V° #

702 Roger de Cuigny....... IIII° #

703 Le s^r d'Orgeval........ III° #
Somme............ XII° #

Porte-Manteaux

704 et 705 Nicolas de Cuigy & Roger de Cuigy, son fils à survivance.............. IIII° #

706 Adrien Secousse......... II° #

707 Le s^r de Gaignieres...... II° #
Somme............ VIII° #

Porte-Gabans

II° XX #

708 Jacques Pertuis.

709 Hyerosme Texier.

710 Pierre Rochefort.

711 Michel Ollé.
Somme. ..... VIII° IIII^xx #

Autres officiers servans en ladite Escurie

712 François de Suffritte, Abbé de Bourazé, Aumosnier.... C #

713 Raymond Dangou, s^r de Boué, autre Aumosnier........ C #

714 Me Guillaume Granger, Medecin en l'art Vterinaire *(sic)*, pour ce................ IIII° #

715 et 716 François Jacquinot, Sommier d'Armes en son lieu, Louys Pomart...... IIII° L #

717 Louys Lenormand, Precepteur

2

des Pages de la grande
Escurie.............. IIIᶜ #

718 Estienne Masuyer, Precepteur
des Pages de la pe-
tite Escurie........ IIᵉ XXV #

719 Jean Chrestod, dit La Haye, Bal-
ladin de la grande Escurie,
pour ce............. IXˣˣ #

720 Lambert Loré, Baladin de la petite Escurie.......... IXˣˣ #

721 Jacques de Brouilh, Argentier
& Proviseur de la grande Escurie................ C #

722 Jacques de La Bucoille, Argentier
de la petite Escurie.... C #

723 Augustin Rama, Voltigeur. IIᵉ #

724 Bernardin Imbots, autre Voltigeur.............. VIˣˣ XV #

725 Mathieu Guignard, Chirurgien
des Escuries.......... IIᵒ #

726 et 727 Denys Le Sage & Jean
Bernard, Appoticaires de la
grande Escurie à raison de
XXXVII # X s. pour ledit Le
Sage, & C # pour ledit Ber-
nard........... VIˣˣ XVII # Xˢ

728 François Berengers, Appoticaire
de la petite Escurie. LXXV #

729 Jacques Suart, Barbier..... C #

730 Jean Nail, chirurgien Barbier................. L #

731 André Cordelle, Barbier.... L #

732 Jacques Droutelle, Garde-
Meubles............. CX #

733 Pierre Chartier, Garde-
Meubles............. CX #

734 Loyseau, Lavandier de la grande
Escurie.............. C #

735 Gantien Huet, Lavandier de la
petite Escurie......... C #

736 et 737 Nicolas Tristan, le jeune,
Cuisinier de la grande Escurie
& Nicolas Tristan, son fils, à
survivance, C # passé pour
LXXV # seullement . LXXV #

738 Brice Barat, Autre Cuisinier C #

739 Charles Pelletier, Cuisinier de la
petite Escurie......... L #

740 François Crosmer, Cuisinier de la
petite Escurie......... L #

741 François Duport, Gouverneur des
Pages................. IIᵃ #

742 Pierre Mouton.......... Cᵒ #

743 Louys Vallier, Am-
bleur............. VIˣˣ XV #

744 Cesar Petit, Tireur d'Armes de la
grande Escurie.... IIᵉ XXV #

745 Pierre Petit, Tireur
d'Armes.......... IIᵒ XXV #

746 Bernard Bonnet, Gouverneur des
Pages................. C #

747 Louys de Lestang, Gouverneur
des Pages............. C #

748 Jean Haye, Concierge de la
grande Escurie de Fontainebleau................ L #

749 Robert des Courtils, Porte-man-
teau .... IIᵒ #

750 Jacques Le Noir, Poursuivant
d'Armes............ VIˣˣ #

751 Claude Dubois, Fourrier IIᵉ XX #

752 Charles Lamy, Fourrier.. CX #

753 Guillaume Parthon, chirurgien............. IIIᵒ #

754 Gabriel Payen, Fourrier IIᵉ XX #
Somme...... Vᵐ IXᶜ LXXII # X,

*Autres officiers desquels les gages sont
compris en la dépence du Haras de
ladite Escurie.*

Palfreniers

VIˣˣ VII # XV s.

755 François Servant.
756 Noël Legrand.
757 Pierre Devervelle.
Somme.... IIIᶜ IIIIˣˣ III # V s.

Gardes dudit Haras.

VIˣˣ X # XVII s.

758 Jean Villard.
759 Noël Collin.
760 Jacques Deshayes.
761 Toussainots Fidet.
762 Michel Lenoble.
763 François Deshayes.
764 Gabriel Rocherot.
765 Claude Compagnon.

766 Charles Deshayes.
767 Michel Tresset.
768 Michel Cuvart.
769 Pierre Dubrocard.
770 Jean Deshayes.
771 Jacques Lormier.
　　　　Somme.... IIᵐ CXXX ₶ V S.

Mareschaux de Forges audit Haras

c ₶

772 Henry Audoyer.
773 Jacques Dupont.
　　　　Somme............ IIᶜ ₶

Chirurgiens

c ₶

774 Lazare Mongeret.
775 Nicolas Letellier.
　　　　Somme............ Iᶜ ₶

Appolicaires.

c ₶

776 Damien Lesueur.
777 Pierre Lygasse.
　　　　Somme............ IIᵒ ₶
　　　　Somme totale desdits gages..... LXIXᵐ IIIIᶜ LII ₶

VENERIE ET FAUCONNERIE

EXTRAIT DES GAGES D'OFFICIERS DE VENERIE, FAUCONNERIE ET LOUVETERIE, EMPLOYEZ AU COMPTE DE L'ANNÉE 1640, RENDU PAR Mᵉ PIERRE BOURLON.

Grand veneur.

778 A Messire Hercule de Rohan, Duc de Monbazon, Pair & grand Veneur de France, pour ses gages durant ladite année................ XIIᵉ ₶

A luy pour la nourriture & dépence de soixante & dix Chiens, & pour l'entretenement d'iceux, durant ladite année, à raison de cinq sols par jour pour chacun Chien, la somme de.... VIᵐ IIIᶜ IIIIˣˣ VII ₶ X s.

Lieutenant

M ₶ (¹)

779 Jean Lejeune, sʳ de Bonneau.
780 François Rousselet.
781 Samuel de Bonvilliers.
782 Alcibiade de Courcelles.

Sous-Lieutenant

Vᶜ ₶

783 A René de Bois-cler.
784 A Henry de Buades.

785 A Cautien Luvignac.
786 A Charles de Roiné.

Gentils-Hommes

IIIᶜ ₶

787 A François Godet, sʳ de Saint-Amand.
788 A Gabriel de Targus, sʳ de Bounerre, pour trois quartiers et gages............ IIᶜ XXV ₶
789 A Louys Compens sʳ de Duel.
790 A Leger de Poix.
791 A Claude Patenostre.
792 A Guillaume Guillemin, sʳ Destrepigny.
793 A Tristan de Ligny.
794 A Pierre Marais.
795 A Hervé de Louvetel (¹).
796 A Pierre de Buade.
797 A Philippes de Collongnon.
798 A Charles Despagne.
799 A Daniel de Maloisel.
800 A François Durant, sʳ de Tury.

(1) Les chiffres des salaires sont répètés en regard de chaque nom. Il a semblé inutile de le faire ici, sauf dans les cas où les émoluments varient.

(2) Les éditeurs ont inscrit en cet endroit, comme en plusieurs autres, des indications du chiffre du salaire sans aucun nom, peut-être faute d'avoir pu déchiffrer. On lit par exemple :

A Hervé de Louvetel. IIIᶜ ₶.
A..... IIIᶜ ₶.
A Pierre de Buade. IIIᶜ ₶.

801 Gilles Picart.
802 Hervé de Thuuxville.
803 Alexandre de Conty, sr de Ville-mont.
804 Hercules de Dillon, de la Becherelle.
805 Leger (sic).
806 François de Buade, de Serny.
807 Jean Gasset.
808 Robert Salvanne.
809 Robert de Fleury, sr Desprez.
810 Charles Hebert.
811 Michel Chevallier, dit Pascal.
812 Charles Bertin.
813 Isaac de Lescouet.
814 Pierre de Caillenville.
815 Jean de La Fosse.
816 Robert Tronson.
817 Louys de Longueil.
818 Nicolas Hardy.
819 François de Villiers, Saint-Pol (sic).
820 Michel de Clermont.
821 Guillaume de Saint-Remy.
822 François Le Tailleur, sr du Thouin
823 Robert de Vienne, sr de Brossette.
824 Emanuel Lhuillier.
825 Philippes Bonneuil.

VALLETS DE CHIENS, A CHEVAL

IIᵉ #

826 François Deforests.
827 François Leblanc.
828 Philippes de Bretesche.
829 Denys Delisle.
830 Audit Bretesche, pour servir en qualité de Vallet de Chiens à cheval ordinaire, tant pour sa nourriture, que celle de son Cheval, durant neuf mois. IIIIᵉ#

VALLETS DE LIMIERS

VIIˣˣ X #

831 Pierre de Descart.
832 Jacques de Louvigny.

833 Mathurin Martineau.
834 Anthoine Gaffa.
835 Bonnaventure Patenostre.
836 Charles Boutry.
837 Jean Demery.
838 Bertrand Didé.
839 Denys Hervieux.
840 Germain Macon.
841 Anthoine Darennes.
842 Nicolas Nichin.
843 Anthoine de Brie.
844 et Pierre Bruis.
845 Toussaincts Hannibel.   c #
846 Claude Blondeau.....   c #
847 Ambroise Bourcy.....   VIIˣˣ X #
848 Vian Auvernae......   c #
849 Charles Le Manceau..   VIIˣˣ X #

VALLETS DE CHIENS

c #

850 Adrien Gasset, le Piafe.
851 Simon Mesnard.
852 Jean Archambaut.
853 Anthoine Le Roy.
854 François de Monturet.
855 Emanuel Le Mesle.
856 Louis Aleaume La Poterie.
857 Charles Gascring.
858 Noel de Saint-Jean.
859 Jean de Gouay.
860 Pierre Le Recart.........   L #
861 André Goubert..........   c #
862 Anthoine Le Mesle.......   c #
863 Alain de Beauvais.......   LX #
864 Guy Le Moyne, Le Camus.   LX #
865 Pierre de Beauvais.......   c #

Fourriers

VIIˣˣ X #

866 Alexandre Archambaut.
867 Esprit Picquet, dit de Lezieres.
868 Gilles Dallemagné [1].

(1) Un quatrième fourrier est ici indiqué, sans le nom du titulaire, et on lit : A..... VIIˣˣX #.

*Vallets ordinaires couchans
avec les Chiens.*

869 Guillaume Piot.......... c #
870 Anthoine Dauphin...... LY #
871 Charles Texier.......... LX #
872 Charles Clemenceau...... LX #

Pages
VI° #

873 Louis de Molitar.
874 Guillaume de La Prairie.

Mareschaux ferrands
LXXV #

875 Jean Nicot.
876 Jullien Monjot.

Chirurgien
VII^xx X #

877 Yves Boulard.

Tresoriers de la Vennerie

878 A M° Pierre de Bourlon.
879 Estienne Quentin,
880 et René de Bourlon, Conseillers
de Sa Majeste, & Tresoriers de
ladite Vennerie, pour leurs
gages de ladite année, à raison
de XVIII° # chacun. v^m v° L #
881 Audit M° Pierre Bourlon, tant
pour les frais de voyages et recouvrement des Assignations,
Ports & Voictures de deniers,
entretenemens de Commis, que
pour les espices, façon & redi-
tion de compte.. II^m VII° L #

Controolleurs de ladite Vennerie

882, 883 et 884 A Jean Guerin, Jean
Fautrier, & Clement Cardinal,
Controolleurs de ladite Vennerie, pour les gages de ladite
année........... IIII^m IX° #

Meutte de Chiens d'Escosse, chassans pour le Lievre.

885 Au s^r du Hallier, Lieutenant de
ladite Meutte........... M #
886 A Marin Pouper, Boulanger, pour
la nourriture & entretenement
de vingt quatre Chiens d'Es-

cosse, à raison de trois sols par
jour chacun...... XIII° XIV #
887 A Guillaume Chaudron, Ap-
poincté pour picquer lesdits
Chiens, pour la nourriture de
luy & de son
cheval.... v° XLVII # X sols.
A luy pour ses ha-
billemens...... LXX #
888 A Claude Renaudet, Vallet de
Chiens à pied, pour sa nourriture, à douze sols par
jour............... II° XVI #
A luy pour ses habille-
mens............ XXX #
889 Audit s^r du Hallier, pour la nourriture des Pages en ladite
Meutte.......... VII^xx X #

Meutte de Chiens, chassans pour Chevreuil

890 A Jean-Jacques de Rome,
891 et 892 Charles de La Fontaine &
de Vernouville, Lieutenans de
ladite Meutte, pour leurs entretenemens & estats...... M #
893 A François Musset, Boullanger
pour la nourriture et entretenement de cinquante-quatre
Chiens, y compris quatre Limiers, à raison de cinq sols par
jour pour cha-
cun.......... IIII^m IX° XXV #
894, 895 et 896 A François Paulmier,
François Michault & Jean Lelargue, Picqueurs desdits
Chiens, pour la nourriture
d'eux & de leurs chevaux à
raison de XIV s. par jour, pour
chacun homme & cheval, qui
est par jour VI # XV^s, avec leurs
habillemens, pendant ladite
année, c'est........ II^m L #
897 et 898 A Charles Bonnecocl (*sic*).
et Estienne Grivet, Vallets de
Limiers de ladite Meutte, pour
leur nourriture, à XV s. pour
chacun, est par an, avec leurs
habillemens, la somme
de................. VI° #
899, 900 et 901 A Nicolas Desprez,
Jean Le Clerc & Thomas de
Launay, Vallets de chiens, tant

pour leur nourriture que pour leurs habille-mens........ VIII° XXVIII ꝝ

902 Audit sr de Rome, pour la nourriture d'un Page, entretenu en ladite Meutte. A eux, pour la nourriture & entretenement d'un Cheval dudit Page. III° ꝝ

Somme des Appoinctemens d'Officiers, nourriture des Meuttes de Chiens de la Vennerie
LVII^m IIII° IIII^xx XIII ꝝ

CAPPITAINES & GARDES-FORESTS, BOIS, BUISSONS, PLAINES & VARENNES DU ROY

Varenne du Louvre, Bois de Boullongne Parc & Chasteau de Madrid

903 A Gabriel de Rochechouard, Marquis de Mortemarc (sic) Cappitaine desdits lieux... XV° ꝝ

904 A Robert Fressart, Lieutenant de Robbe-Courte du Bois de Boulongne, & Varenne du Louvre................ VI° ꝝ

905 A François Siboust, Lieutenant de la Justice de la Varenne du Louvre............. IIII° ꝝ

906 A Me Jean Chevalier, Procureur du Roy.......... II° L ꝝ

907 A Luc Potier, Greffier. VII^xx X ꝝ

Gardes à cheval, plaisir du Roy, pour servir audit Bois de Boulongne, Varenne du Louvre, & autres Plaines, que Sa Majesté fait conserver prés Paris.................... III° ꝝ

908 A Pierre Moego.
909 Jouas (sic) Gaultier.
910 Georges Vessier.
911 Charles Boucher.
912 Pierre Dussay.
913 Philippes de Rouillon.
914 Claude Jassedy.
915 A   Lieutenant de la Justice du Bois de Boulongne, & Chasteau de Madrid.... LX ꝝ

S. Germain en Laye

916 A   Duc de Saint-Simon, Cappitaine.,.,......,., XV° ꝝ

917 A Charles Vaultier, sr de Moyencourt, Lieutenant..... III° ꝝ

918 A François Dupont, sr de Compiegne, Sous-Lieutenant. III° ꝝ

919 A Me René Le Grand, Procureur du Roy............. LX ꝝ

920 A Nicolas Guignard...... LX ꝝ

Garde du Parc

921 A Jacques de la Salle.... LX ꝝ

Gardes à pied
LX ꝝ

922 A Jacques Israël, dit La Chambre.
923 Arnoul Fauchon.
924 Gervais Granvois.
925 Annet Rousset.
926 Jean Pinparé.
927 Jean Perron.
928 Emanuel Girard.
929 François Anceaume.
930 Augé Recart.
931 Charles Lottin.
932 Emanuel Leau.
933 Georges Dollé.
934 Philippes Henry.

Gardes à cheval, François & Basques
III° ꝝ

935 A Ambroise Bourey.
936 Jean Arriot..
937 Estienne Germet.
938 Pierre de Launay.
939 Martin Burgerin.
940 Laurens de Chancy.
941 Pierre Roussel.
942 A

Autre Cappitaine & Garde des Chasses des plaisirs du Roy, des Plaines de Long-boyau, & Long-jumeau, Thiers, Choisi, Ordy, Villeneufve-le-Roy, Monts, Athis, Juvisy, Couay, Parray, Huitsols, Fresne, Rongis, Chemilly (sic), Lay, La Saussaye, & autres lieux de ladite Varenne.

943 A   Rusé, Marquis d'Efflat, Cappitaine.......... IIII° ꝝ

944 A Charles Bourlon, Lieutenant.............. iii° #

945 A Louys de Bligny, Lieutenant de la Justice........ vi^xx #

946 A Christophle Chaslon, Greffier................. LX #

Gardes à cheval

iii° #

947 A Charles Jassedé.

948 A André Delabatte.

Gardes à pied

LX #

949 A Pierre Prieur.

950　Michel Petit.

951　Laurens Pichard.

952　Denys Duplessis.

953　Emanuel le Mesle.

954　Gilles Pinçon.

955 A

Autre Cappitaine & Garde des Chasses de la Forest de Seguigny, Grurie de Montlehery, Bois & Buissons qui en dépendent.

956 A　　　Marquis d'Effiat, Cappitaine.......... ix° #

957 A Charles Bourlon, lieutenant................. vi° #

958 A Louys de Bligny, Lieutenant de la Justice........... vi^xx #

959 A Jacques Lheritier. Procureur du Roy.............. LX #

Gardes à cheval

iii° #

960 A Jacques Bridel.

961　Jean Legrand.

962　Denys Doré.

963　Charles Fontaine.

964　Pierre Chevin.

965　Jullien Garret.

966　François Pellé.

967 A.

Gardes à cheval des Bois & Buissons de Marcoussis

iii° #

968 A Nicolas de Beauregard.

969 A Jacques Ferous.

Autre Cappitaine & Garde de la Forest de Senard, Bois & Buissons Nostre-Dame de la Brie, & des Plaines, Varennes du Pont de Charenton, Maison, Corbeil, Boisy, Choisi, Sussy, Chenevieres, Valenton, Brevannes, Villeneufve S. Georges, le long de la Riviere d'Yerre, jusques à Brie-Comte-Robert, allant à Gournay jusques à Lagny, descendant de la Riviere de Marne jusques à Sussy.

970 Au s^r d'Alincourt, Cappitaine de la Forest de Senard, & desdits lieux................ ix° #

971 A Charles de Boulleuil, Lieutenant................. iii° #

972 A　　Lieutenant de la Justice................. LX #

973 A　　Procureur du Roy................. LX #

Gardes

LX #

974 A Vincent Merdras.

975　Henry Dupuis.

976　Louys Moutier.

977　Mathieu Huault.

978　Maurice Dongny.

979　Anthoine Boulette.

980　Pierre Perilot.

981　Guillaume Picquet.

A　(3 lignes en blanc).

982 Nicolas de La Bataille, Lieutenant des Loges & Buissons Nostre-Dame de la Brie, & de tout ce qui est au dedans & circuit des Rivieres.... iii° #

983 A　　Substitud du Procureur du Roy......... LX #

Gardes

LX #

5 lignes en blanc.

Autre Cappitaine & Garde de la Forest de Livry & Bondy.

984 A Christophle Sanguin .. VI° #

985 Michel Anthoine Scarron, Lieutenant................ C #

986 Vincent Le Maire, Lieutenant de la Justice...... IIII×× X #

987 François de Thorigny, Procureur du Roy.......... LX #

988 Jacques Boulane ...... LX #

989 Jean Boisteau, Rachasseur................ LX #

Gardes à cheval

III° #

990 A Pierre Thomassin.

991 A Louys Fontaine.

Gardes à pied

LX #

992 Emery Hourdé.

993 Christophle Laisné.

994 Thomas Linquard.

995 Gilles Lhuillier.

996 Anthoine Nicolas.

997 Claude Patrufflet.

998 Jean Gaultier.

Autre Cappitaine & Garde de la Forest de Carnelles, Bois de Geux, & Buissons circonvoisins.

999 A Nicolay, Cappitaine.............. VI° #

1000 Isaac Avisard, Lieutenant.............. VI° #

1001 Henry de Longue-espée, Lieutenant............. C #

1002 Jean Donvilliers, Procureur du Roy.......... C #

1003 A Jean Ponthus, Greffier. LX #

1004 A le Chasseur.. C #

Gardes à cheval

III° #

1005 A Claude Roussel.

1006 Jacques David.

1007 Thomas Vernon.

A

Gardes à pied

LX #

1008 A François Pitotois.

1009 Vincent de Partout.

1010 Claude Quesnel.

A

Autre Cappitaine & Garde de la Forest de Cuise, dite Complegne.

1011 A Guillaume Goyer, sʳ de La Vigne.............. III° #

1012 A luy pour augmentation de gages.............. IIII° #

Gardes à cheval

III° #

1013 A Noel Martel.

1014 A Gratien Godefroy.

Autre Cappitaine & Garde des Bois & Buissons du Comté de Dourdan.

1015 A Nicolas Bautru, Cappitaine................ VI° #

1016 A Jacques de Serne, Lieutenant.............. III° #

Gardes à cheval

III° #

1017 A Olivier Guerton.

1018 A Christophle Thomas.

Gardes à pied

LX #

1019 A André Balue.

A

*Autre Cappitaine & Garde du Parc de
Nogent-sur-Seine, Bois & Buissons
de Pompée, des Brosses, de Marvay,
Plaines de Crancy, de Saint-Hilaire,
de Pargeu, du Menillet, & autres
lieux.*

1020 A Claude Boutillier..... VI° #

1021　Christophle Oger, Lieutenant............... III° #

Gardes

LX #

1022 A Estienne Beguin.

1023　Adam Hurel.

1024　Jean Vallée.

1025　Didier Mathouset.

*Autre Cappitaine & Garde des Forests,
Plaines, Garennes, Varennes, Isles,
Buissons de la Grurie & Baronnie
d'Amboise, & Buissons de la Grurie
& Baronnie de Salaldaye, & Hayes
dudit Amboise.*

1026 A　　　Legos, sʳ de Lussant,
cappitaine......... IIII° #

*Autre Cappitaine & Garde de la Forest
de Hallatte, haute & basse Pommeraye, Buissons & Varennes qui en
dépendent, & ressortissent de l'ancien
Bailliage de Senlis.*

1027 A Charles de S. Simon, Cappitaine............... VII° #

1028　Joachim de Villiers, Lieutenant............... III° #

1029　François Bataille, greffier............... LX #

Gardes à cheval

III° #

1030 A Pierre de la Fosse.

1031　Philippes de Farqueroy.

Gardes à pied

LX #

1032 A Robert Poucelet *(sic)*.

1033　Louys Donvilliers.

1034 A Ambroise de Fourqueroy.

1035　Noël Prevost.

1036　Balthazard Huchet.

1037　Nicolas de Maugert.

1038　Jean Costé.

1039　Claude Blanchet.

*Autre Cappitaine & Garde des Varen-
nes & Buissons des environs de Brie-
Comte-Robert, dont l'estendue con-
tient toute l'espace depuis le Pont de
la vallée de Gros-Bois, tirant droit à
l'Abbaye de Gerry, sur la Riviere
d'Yerre, & remontant le long de ladite Riviere d'Yerre jusques à Tournay & dudit Tournay, tirant droit
par derrière, & le long de la Torest
de la Leschelle, & de ladite Forest de
La Leschelle, droit derriere & le
long du Bourg du Parc, & dudit
lieu, derriere & le long de la Maison
& Parc de Fourcelles, & dudit lieu
& Parc de Fourcelles au Pont de
l'Abbaye d'Yverneau, & dudit Pont
d'Yverneau, le long du ruisseau jusques au susdit Pont de la Vallée de
Gros-Bois.*

1040 A　　　Bulion, Cappi-
taine............. IIII° #

1041　Guillaume de Glaplet, Lieutenant............. III° #

Gardes à cheval

III° #

1042 A Firmin Traconnat.

1043　Jacques Bassigny.

1044　Richard François.

1045　Jacques Fortier.

1046　Jacques Bertrand.

1047　Pierre Goyer.

Gardes à pied

LX #

1048 A Laurens Pehet.

1049　Pierre Seigneuret.

1050　Jean Lescuyer.

1051　Arnoul Salomon.

Autre Cappitaine & Garde des Buissons, Plaines & Varennes au dedans de S. Maur des Fossez.

1052 A Gabriel Bachelier, Cappitaine.............. iiiᵉ ╫

Autre Cappitaine & Garde des Chasses, en la Province de Champagne, Bailliage & Comté de Bar-sur-Seine, & des Forests en dépendans.

1053 Au sʳ de Praslin, Cappitaine.............. ixᵉ ╫
Tous les Gardes & Rachasseurs de ladite Cappitainerie sont à neant audit Comté.

Cappitaine des Chasses dudit Pays de Masconnois

1054 A de Meaux-Marbé. iiiᵉ ╫
Somme desdites Cappitaineries, & Garde-Chasses.. xxxvᵘ xl ╫

TOILLES DE CHASSES

1055 A Mʳ le Mareschal de Vitry, Cappitaine............ xiiᵉ ╫

Lieutenans

ixᵉ ╫

1056 A René de Normandin.
1057 Paul de Vaucouleurs.

Sous-Lieutenans

viᵉ ╫

1058 A du Roux, sʳ de Sigy.
1059 Michel Chevalier.

Veneurs desdites Toilles

1060 A Salomon de la Haye, pour demie année........ cl ╫
1061 Henry de la Porte, pour demie année.......... cl ╫
Tous les autres Veneurs sont employez à neant.

Vallets de Limiers

1062 A Christophle Bonnefoy, pour un quartier de ses gages. l ╫
Les autres Vallets sont à néant.

Charroy desdites Toilles

1063 A Germain Troussart, Cappitaine & Maistre du Charroy desdites Toilles, pour la nourriture & entretenement de quatorze Chevaux, ordonnez pour traisner trois Chariots et une Charrette, pour porter les deux Pants de Retz, un coffre pour les Sacs des grands Levriers & Colliers des Dogues, & lesdites Toilles & Pants; à dix sols par jour chacun Cheval.......... iiᵐ iiᶜ lvii ╫
Audit Troussart, pour ses gages de demie année........ c ╫

Chiens courans desdites Toilles

1064 Audit Seigneur Mareschal de Vitry, pour la nourriture de vingt-quatre Chiens, pour servir ausdites Toilles, à raison de trois sols par jour pour Chien........ xiiiᶜ xiiii ╫
A luy, pour la nourriture & entretenement de quatre grands Levriers & Dogues, servans ausdites Toilles, à raison de dix sols par jour.. viiᶜ xx ╫

Archers desdites Toilles

1065 A Gilles Charlier....... l ╫
Tout le reste desdits Archers, au nombre de vingt-trois, sont tous à neant, fauté de fonds.
Somme de la dépence desdites Toilles............. ixᵐ ╫

LOUVETERIE

Est à noter, que quant à la Louveterie n'a esté fait aucune dépense pour raison d'icelle durant ladite année 1640, & que tous les gages d'Officiers d'icelle sont employez à neant, au Compte de ladite année.

MEUTTE DE CHIENS BLANCS, CHASSANS POUR LE CERF

1066 A Mʳ le Duc de Montbazon, pour son Estat & appoinctement............... m ╫

1067 A René de Boiscler, ayant charge desdits Chiens, en l'absence du s^r Duc............. III° #

Picqueurs

VII^{xx} X #

1068 Pierre Dupont.
1069 Jacques Hardy.
1070 Michel Passart.
1071 Nicolas Magdelaine.
1072 Nicolas Hubert.

Vallets de Limiers

c #

1073 A Jean du Tour.
1074 A Pierre Naulet.
1075 A Jullien Tourteau.

Vallets de Chiens, dont l'un est appointé à cheval, pour rompre et ramasser les chiens.

1076 A Philippes Bertin, dit La Haye............ VII^{xx} X #
1077 A Jacques Bruant....... c #
1078 A Philippes Pitault...... c #
1079 A Martin Lelongt *(sic)*... c #

Boulanger

1080 A Charles Huet, pour la nourriture & entretenement de cinquante Chiens, à raison de trois sols par jour pour chacun............ II^m VII° L #

Fourrier

1081 A Thibault du Hamel. VII^{xx} X #
1082 Audit Seigneur Duc de Montbason, pour la nourriture & entretenement d'un Page, entretenu en ladite Meutte, la somme de.......... VI° #
Somme de la Meutte. VI^m VI° #

MEUTTE DE SOIXANTE & DIX CHIENS COURANS

1083 Au s^r Desche, ayant la charge de ladite Meutte...... M #
Pour la nourriture desdits Chiens,

à raison de trois sols par jour pour Chien.. III^m VIII° XXXII #X s.

Picqueurs

1084, 1085 et 1086 Pour la nourriture de François Dupont, dit Compiegne, Michel Chevalier, dit Paschal, & Arnoul de Sobial, & la nourriture de leurs chevaux.... XIX° LXX #

1087 Pour la nourriture & entretenement de Vallet de Chiens à cheval, tant pour luy que pour son cheval........ V° IIII^{xx} IIII #

1088 Pour la nourriture & entretenement de quatre garçons, non dénommez, à raison de seize sols par jour chacun........ XI° LXVIII #

1089 Pour la nourriture & entretenement de trois Chevaux, & une Charrette de Chasse desdits Chiens, & un Chartier pour la conduite.... XI° LXVIII #
Somme de ladit Meutte. IX^m VII° XXIII # X s.

GRANDE FAUCONNERIE

1090 A M^r le Duc de Chevreuse, grand Fauconnier de France, pour ses gages.......... XII° #

A luy, pour son Estat & appoinctement........ III^m #

Vol pour Milan

1091 A Aymard de Constaing, s^r de Pusignan, chef dudit Vol, pour ses gages.......... VII° #
1092 A Jean Boucher, Escuyer, Ayde.............. III° #
1093 A Jacques de la Hoche, Fauconnier................ III° #
1094 A Charles Compigneur.. II°L #
1095 Charles Martine........ d°
1096 Jean Falcan.......... d°
1097 Florimond de la Hoche. d°
1098 Claude Beaugendre..... d°

1099 René d'Alençon, Porte-
Duc................ IIᶜL #

1100 Pour la nourriture de dix Oyseaux, compris un Duc, à trois
sols par jour. Vᵉ XLVII # X s.

1101 Pour la nourriture & entretenement du Garde-perche, ayant
soin des
Oyseaux.. IIᶜ LXXXIII # XV s.

1102 Pour ses Souliers.... XXXVI #

Autre Vol pour Milan

1103 Audit sʳ de Pusignan, chef dudit
Vol, pour ses gages.. VIIᵉ #

1104 A Henry de Buffenau,
Ayde............. IIIᵉ #

1105 A Rodrigue Robert, Fauconnier............... IIIᵉ #

1106 Jacques Godard, Pic-
queur............. IIᵉ L #

1107 Georges Poullain.... dᵒ

1108 Jean Simon........ dᵒ

1109 A Mathieu Leschevin IIᵉ L #

1110 Gaspard Poirat..... dᵒ

1111 A Vole le Royer, Porte-
Duc.............. dᵒ

1112 Pour la nourriture de dix Oyseaux, compris un Duc, à raison de trois sols par jour chacun........ Vᵉ XLVII # X s.

1113 Pour la nourriture & entretenement de Garde-perche,
ayant soin des Oyseaux qu'on
ne porte point
aux champs. IIᵉ LXXIII # XV s.

1114 Pour ses Souliers..... XXXV #

Vol pour Heron

1115 A Gilles de Ligny, sʳ Diurmont,
chef dudit Vol...... VIIᵉ #

1116 A Gilles de Ligny, Ayde. IIIᵉ #

1117 A Alexandre Servecq,
Fauconnier........ IIIᵉ #

1118 A Poncelet Legresle,
Picqueur.......... IIᵉ L #

1119 A Robert Dougny..... IIᵉL #

1120 Jean Diogeny....... dᵒ

1121 Philbert Laurent.... dᵒ

1122 Claude Torchet..... dᵒ

1123 Nicolas Gille........ dᵒ

1124 A Jean de Ligny..... IIᵉ L #

1125 Brison Le Febvre... dᵒ

1126 Pour la nourriture de XII Oyseaux, à raison de 3 s. par
jour............ VIᵉ LVII #

1127 Pour la nourriture de quatre Levrettes, à raison de quatre
sols par jour.. IIᵉ IIIIˣˣ XII #

1128 Pour la nourriture du garçon de
Fauconnerie, à raison de
quinze sols
par jour.. IIᵉ LXXIII # XV s.

1129 Pour ses Souliers ... XXXVI #

1130 Pour la nourriture de [deux]
Gardes Levrettes à
raison de quinze sols par jour
chacun...... Vᵉ XLVII # X s.

1131 Pour leurs souliers... LXXII #

Vol pour Corneille

1132 Au sʳ Duc de Chevreuse. VIIᵉ #

1133 A Louys de la Chaussée,
Ayde............. IIIᵉ #

1134 Jean Tabarin, Fau-
connier............. IIIᵉ #

1135 Jacques Henry, Pic-
queur............. IIᵉ L #

1136 Charles Chaillou..... dᵒ

1137 René Macé......... dᵒ

1138 Pierre Moger....... dᵒ

1139 Claude Raoul...... IIᵉ L #

1140 Pierre de La Garde.. dᵒ

1141 Nicolas Gaillard[1].... dᵒ

1142 Pour la nourriture de trente-six
Oyseaux, à raison de trois sols
par jour pour
chacun...... XVIᵉ XLII # X s.

1143 Pour la nourriture des garçons
de Fauconnerie, à quinze sols
chacun par
jour...... VIIIᵉ XXI # V s.

---

1. Ici cinq lignes en blanc et le dᵒ indiquent cinq places vacantes.

1144 Pour leurs souliers.... CVIII #

1145 Pour la nourriture de [quatre] Gardes-perches, ayans soin des Oyseaux qu'on ne porte point aux champs, à quinze sols chacun par jour.......... MIIII^{xx} XV #

1146 Pour leurs Souliers VII^{xx} IIII #

Gentils-hommes servans audit Vol

1147 A Denys Zamet, s^r de Vaux........... III^c #

1148 René Aubin...... III^c #

1149 Michel Durant.... IIII^{xx} X #

Autre Vol pour Corneille

1150 A Guillaume de Barge, s^r de Vaudeville, chef dudit Vol, pour ses gages...... VII^c #

1151 A luy, à cause de la recompense qu'il a faite au s^r de Villée, cy-devant chef d'un Vol pour Corneille............ M #

1152 A Leon Bourgeois, Ayde III^c #

1153 Pierre Le Compte, Picqueur.......... II^c L #

1154 Abraham Jacob..... d°

1155 Michel Crolle....... d°

1156 Mathieu Mangin.... d°

1157 Florent Tabouret.... d°

1158 Jacques Gaverot.... d°

1159 Jean Mollet......... d°

1160 Boulongne Garnier, Porteur............ d°

1161 Pour la nourriture de dix Oyseaux, à raison de trois sols par jour..... V°XLVII # X s.

1162 Pour la nourriture du Garde perche, à raison de quinze sols par jour.. II^c LXXIII # XV s.

Vol pour les Champs

1163 A Charles de Bourlon, Chef dudit Vol, pour ses gages.............. VII^c #

1164 A Jean du Maugin, Fauconnier............ III^c #

1165 A Guillaume Torchet, Picqueur.......... II^c L #

1166 Adam Gradé........ d°

1167 François Compagnon. d°

1168 Pour la nourriture de huit Oyseaux, à la mesme raison que dessus. IIII^c XXXVIII #

1169 Pour la nourriture de dix-huit Epagneux, à raison de trois sols par jour. XIII° # XI III s.

1170 Pour la nourriture de Vallet desdits Epagneux à raison de quinze sols par jour, & de garçon de Fauconnerie........ V° XLVII # X s.

1171 Pour leurs Soulliers. LXXII #

Vol pour Riviere

1172 A Anthoine Dubuisson, s^r de La Marsaudiere, Chef dudit Vol, pour ses gages...... V° #

1173 Pierre Veron, Ayde. III^c #

1174 Denys Descosse, Picqueur.......... II^c L #

1175 Jacques de Lairies.. d°

1176 Pierre Le Marchant.. d°

1177 Pour la nourriture de six Oyseaux, à raison de trois sols par jour... III^c XXVIII # X s.

1178 Pour la nourriture de Garde-perche dudit Vol, pour six mois, à raison de quinze sols par jour..... VI^{xx} XVI # XVII^s VI^d

Vol pour Pie

1179 A Pierre du Fay, s^r de la Messangiere, Chef dudit Vol.............. V° #

1180 Robert Patron, Picqueur........... II^c L #

1181 Jacques Pantin, Picqueur.

1182 Pour la nourriture de trois Oyseaux. VIII^{xx} IIII # V s.

Pages

1183 Audit Seigneur Duc de Chevreuse, pour la nourriture de quatre Pages, habits & Chevaux............. IIII^m #

1184 Pour la quaise *(sic)* ou fourniture de Gibecieres, leurs Gants, Chapperons, Sonnettes, Vervelles, & autres armeures d'Oyseaux......... IIIᵐ #

1185 Pour trois Bourses de Gestons d'argent............ IIIᵒ #

1186 Audit Seigneur, la somme de VIᵐ # pour l'achapt & fourniture des Oyseaux qu'il convient avoir pour remplir les Vols de ladite Fauconnerie................ VIᵐ #

1187 Audit Tresorier, pour les frais & dépence dudit recouvrement des Assignations de la Fauconnerie........ IIIᵐ #

Poulles

1188 Au sʳ de Pusignan, chef des deux Vols pour Milan, pour le suppléement des Poulles. VIᵒ #

1189 Au sʳ de Ligny, chef du Vol pour Heron............... IIIᵒ #

1190 Au sʳ de Bourges, pour Corneille.............. IIIᵒ #

1191 Au sʳ Bourlon, pour les Champs............ IIIᵒ #

1192 Au sʳ Dubuisson, chef du Vol pour Riviere...... VIIˣˣ x #

1193 Au sʳ de la Mesangiere, chef du Vol pour Pie..... VIIˣˣ x #

1194 Au sʳ de la Citardie, chef du Vol pour Pie des Oyseaux de la Chambre du Roy. VIIˣˣ x #

1195 Au sʳ Darembure, chef du Vol pour les Champs.. dᵒ

Officiers

1196 A Mareschal des Logis................. IIIIᵒ #

1197 A René Jean, Fourrier. IIIIᵒ #

Autre dépence pour les Oyseaux du Cabinet du Roy, sous la charge dudit Seigneur grand Fauconnier.

Vol pour Corneille

1198 A Alexandre Dubuisson, chef dudit Vol......... VIIˣˣ #

1199 A Pierre de Chantereau, Ayde......... IIIᵒ #

1200 Claude Serte, Fauconnier.............. IIIᵒ #

1201 Guillaume Huard. Fauconnier........ IIᵒ L #

1202 Charles Romain, Picqueur............. dᵒ

1203 Jacques Yvel....... dᵒ

1204 Pierre Vaugourp.... dᵒ

1205 Nicolas Cottereau... dᵒ

1206 Pierre Le Comte..... dᵒ

1207 Vincent Pin........ IIᵒ L #

1208 Jean Couloup....... dᵒ

1209 Jean Renault....... dᵒ

1210 Jacques Vallet...... dᵒ

1211 François Le Clerc, Porte-Duc......... dᵒ

1212 Pour la nourriture de seize Oyseaux, à raison de trois sols par jour...... VIIIᵒ LXXVI #

1213 Pour la nourriture de [deux] Gardes-perches, à la susdite raison de quinze sols par jour........ Vᵒ XLVII # X s.

1214 Pour leurs Souliers... LXXII #

Vol pour Emerillon

1215 A Alexandre Dubuisson, chef dudit Vol......... VIIᵒ #

1216 Pierre Dubuisson, Ayde............. IIIᵒ #

1217 Germain Gié, Picqueur............ IIᵒ L #

1218 Pour la nourriture de huit Oyseaux, à la susdite raison........ IIIIᵒ XXXVIII #

Autre dépence, pour les gages des vieux Officiers qui ont cy-devant servy

1219 A Simon de Vaux, Maistre Fauconnier............ IIIᵒ #

1220 Martin Boullemer, autre Fauconnier............ IIIᵒ #

1221 Gilbert Pinson...... IIIᵒ #

1222 Alexandre Fredy, Picqueur.......... IIᵒ L #

1223 A Claude Serte........   II^cL #
1224   Pierre Maudon......   d°
1225   Pierre Brunet.......   d°
Somme de la dépense de la Fau-
connerie. LX^m IXe VIII # XVII s.
VI d.

*Autre dépence, pour la nourriture &
entretenement des Levriers à Lievre
de Champagne, sous la charge du
sieur Bourlon.*

1226 Ausdits s^{rs} Bourlons, servans
l'un & l'autre, pour leurs gages
& entretenemens..... IX^c #
1227 Pour la nourriture & entretenement de six Levriers & Levrettes, à raison de v sols par
jour chacun. V^c XLVII # X s.

1228 Four la nourriture de quatre
Vallets desdits Levriers, non
dénommez servans chacun six
mois, à raison de quinze sols
par jour pour
chacun...... V^c XLVII # X s.

1229 Pour les Soulliers desdits Vallets, à raison de XVIII # pour
chacun............ LXXII #

1230 Pour les Habits, tant des sus-
dits Vallets de Levrettes de
Champagne, que des trois de
Champagne.......... V^c #
Somme........ II^m V^c LXVII #

APPENDICE

I

Provision de la Charge de Grand escuier de France en faveur de Mre Roger de Bellegarde.

Henry, par la grace de Dieu Roy de France et de Polongne, à tous ceux qui ces presentes lettres verront, salut.

Comme il soit tresdecent et raisonnable, ainsi que tousjours nostre vouloir et intention a esté de pourveoir aux grands et haultz estatz de nostre Royaume, aprochans nostre personne ceux qui ont les qualités requises et dont les mœurs et vertus nous sont de longue main suffisamment connues et prouvées à fin que telz lieux et places demeurent remplis, exercéz et administrez selon leur dignité par personnages à nous singulièrement recommandez par leurs merites, et soit ainsy que l'estat et office de grand escuier de France soyt à présent escheu vaccant par la pure et simple résignation qu'en a ce jourdhuy faite en noz mains nre cher et bien aimé Cousin Charles de Lorraine, duc d'Elbeuf, par ses lettres de procuration cy attachées souz le contrescel de nostre chancellerye, au moyen de quoy pour en disposer à la mesme fin et intention que dessus, nous avons faict ellection de la personne de nre amé et féal Roger de Bellegarde, sieur dud. lieu et de Tresmes, lequel dès ses premieres années a esté nourry et eslevé auprès de nous, et depuis, a continuellement & jusques icy esté dedié & employé à nostre service, tant à l'entour de nostre personne que au faict de noz guerres quand l'affaire s'est presentée depuis le temps qu'il a eu force de porter les armes, en tous lesquels actes il n'a jamais espargné sa vye ny ses biens, donnant à ung chascun parfaicte et entiere connoissance et le tesmoignage de ses claires vertus et louables qualitez dont il s'est rendu autant envers nous recommandable que justement il le merite.

Pour ces causes et autres bonnes & grandes considerations à ce nous mouvans iceluy avons faict, retenu, ordonne et establly, faisons, retenons, ordonnons et establissons grand Escuier de France et ledict estat et office ainsy vacquant que dict est, luy avons donné et octroyé, donnons et octroyons par ces presentes signées de nře main, pour l'avoir, tenir et doresnavant exercer aux honneurs, auctoritez, prerogatives, preeminances, previleges, franchises, libertés, pouvoirs et facultés quant à la disposition aux estatz et offices de nre petite et grande escurye, chevaucheurs tant ordinaires que extraordinaires d'icelles et autres droictz, gaiges, pentions, livraisons, hostelages, profictz, revenus et esmollumens accoustumez qui y apartiennent et dont nostre dict cousin et ses predecesseurs grandz escuiers de France ont jouy et usé par cydevant, tout ainsi et par la mesme forme et maniere que si lesdiz pouvoirs, facultez, auctoritez & droictz estoient icy amplement & par le menu speciffiés et declarez et lesquelz nous y tenons pour speciffiez et declarez. Si donnons en mandement par ces presentes à tous les escuiers, officiers et supostz de nostred. grande et petite escurie et à tous autres qu'il appartiendra que audict sr de Bellegarde duquel nous avons prins et receu le serment en tel cas requis et accoustumé & iceluy mis et institué en possession et saisine dud. estat & office de grand escuier de France aveq la garde de notre espée du parement pour la nous porter es lieux que besoin sera, ils ayent à obeyr et entendre dilligemment es choses touchant et concernant ledict estat et office de grand escuier, duquel nous voulons & mandons à noz justiciers & officiers à qui ce poura toucher le faire souffrir et laisser jouir et user plainement et paisiblement, ensemble des honneurs, auctoritez, prerogatives, preeminances, franchises, libertez, pouvoirs & facultez, gaiges et pentions, livraisons, hostellaiges, droictz, proffictz, revenus et esmolumens dessusditz. Car tel est nře plaisir. En tesmoin de quoy nous avons fait mettre et apposer nře seel à cesdictes presentes. Donné à Bloys le huictiesme jour de janvier l'an de grace mil cinq cens quatre vingt neuf et de nře regne le quinze. Signé HENRY et sur le Reply : Par le Roy Ruzé et sellé du grand sceau de cire jaune, et a esté escript : Aujourd'huy huictiesme jour de janvier XVe IIIIxx neuf, le sr de Bellegarde

cy dessus nommé a faict et presté le serment de grand escuier de
France entre les mains du Roy. Moy son Conseiller et secrétaire
d'estat, present. Signé Ruzé [1].

II

Provision de la charge de Grand Fauconnier de France en faveur
du Duc de Chevreuse [2].

Louis, par la grâce de Dieu Roy de France et de Navarre, à tous
ceux qui ces presentes lettres verront, salut : L'estat et charge de
grand fauconnier de France estant à present vaccant par le decedz
de nostre trescher et féal cousin le Duc de Luynes, Pair et Connestable de France, que nous en avions pourveu par la mort du feu
sieur de la Chastaigneraye, nous avons estimé ne le pouvoir com-
mettre en meilleure main que celle de nr̄e trescher et bien amé
cousin le Prince de Joinville, Duc de Chevreuse, tant pour la sin-
gulière amitié et bienveillance que nous luy portons que pour la
fidelité et grande affection de laquelle il nous a tousjours servy &
sert journellement en toutes les occasions qui s'en presentent es
grandes et importantes charges dont nous l'avons honoré.
A iceluy nr̄ed. cousin de Chevreuse, pour ces causes et grandes
considerations à ce nous mouvans, avons donné et octroyé, donnons et octroions par ces presentes signées de nr̄e main led.
Estat et charge de Grand fauconnier de France que nagueres soul-
loit tenir et exercer nostredict cousin le duc de Luynes et àpresent
vaccant, comme dit est par son decedz, pour l'avoir, tenir et
doresnavant exercer, en jouir et user aux honneurs, auctoritez,
prerogatives, preeminences, privilleges, franchises, libertez, gaiges,
pensions, droictz, fruictz, proffitz, revenus & esmollumens accoustumez et aud. estat et charge apartenant, telz et semblables qu'en
jouissoit nostred. cousin le duc de Luynes, et auparavant luy, les
autres pourveuz de lad. charge et ce tant qu'il nous plaira. Si
donnons en mandement tous les chefs de volz, gentilzhommes et

1. Brienne 261 (n. a. fr. 7230), fol. 238-239 v°.
2. L'acte intitulé: « Provision de la charge du grand Veneur de France, en
faveur de Claude de Lorraine, duc d'Aumalle », du 26 février 1562, signé à Blois
par Charles IX, se trouve au même recueil, fol. 244 et 245.

autres officiers de nr̃ed. grande fauconnerie emploiez dans nr̃e estat d'icelle qu'à nr̃ed. cousin le duc de Chevreuse, aprcs que de luy nous aurons pris et receu le serment en tel cas requis et accoustumé et icelluy mis et institué en possession et jouissance dud. estat et charge de grand fauconnier de France, ilz ayent à obeir et entendre diligemment de tous ceux et ainsi qu'il appartiendra en choses touchans et concernans led. estat et charge et d'iceluy, ensemble des honneurs, auctoritez, prerogatives, preeminences, franchises, libertez, gaiges, pensions, droitz, proffitz, revenus & esmollumens dessusd. le souffrent et laissent jouir et user plainement & paisiblement. Mandons en outre aux tresoriers de nr̃e espargne et de nr̃ed. fauconnerie que lesd. gaiges, pensions et droitz ils payent, baillent & delivrent comptant à nr̃ed. cousin le duc de Chevreuse doresnavant par chacun an aux termes & et en la manière accoustumée, à commencer du premier jour de janvier dernier, suivant les estatz qui en seront faitz et arrestez chacun an. Car tel est nr̃e plaisir. En tesmoing de quoy nous avons faict mettre nr̃e seel à ces presentes données au camp de Saincte Foy le xxviie jour de may l'an de grace mil six cens vingt deux et de nr̃e regne le treizieme [1].

III

Reglement faict par le Roy pour les chasses au mois de septembre 1608. *Fauconnerie.*

Henry, par la grâce de Dieu Roy de France et de Navarre, à tous presens et avenir, salut. Les feus Roys noz predecesseurs et nous, avons tousjours recherché nostre plaisir non seullement à la chasse du serf, sanglier, chevreuil et plusieurs autres sortes de gibiers, mais aussy en la vollerie qui est une autre recreation où il y a quelquesfois plus de plaisir et moins de travail, et pour cet effet, il y a eu de tout temps en cestuy notre Royaume un grand fauconnier près de nous qui a tousjours eu l'auctorité et plaine congnoissance de tout ce qui deppend de nostre dicte vollerie et fau-

---

1. Brienne 261, fol. 246 et 247. Suivent les lettres, antérieures en date et délivrées durant la minorité du roi, pour la charge de grand louvetier en faveur de M. de Montglat, le 27 octobre 1612.

connerie, de laquelle charge nous aurions nagueres pourveu nostre
amé et feal con^{er} en nostre conseil d'estat, le s^r de la Vieuville,
chevallier de noz ordres et gouverneur de nostre ville de Mezières,
qui nous a plusieurs fois démonstré et faict entendre les desordres,
abus et malversations qui se commettent journellement, tant en
la vente des oiseaux que les marchans estrangers apportent en
cestuy nostre Royaume et aux tontes qui ce font en noz forestz
où il se trouve quantité d'aires de ses oyseaux qui aux campagnes
et autres endroictz ou passent lesdiz oyseaux et où l'on tend pour
les prendre, et mesmes de la perte qui se faict non seullement de
ceux desdits aires que l'on desrobe, mais aussy de la pluspart de
ceux qui sont dressez, lesquelzs prenant l'essort sont prins par gens
qui n'ont soing de les rendre à ceux ausquelz ilz apartiennent. Pour
à quoy remedier autant qu'il nous sera possible, nous avons dict,
statué et ordonné, disons, statuons et ordonnons par ces presentes
pour ce signées de nostre main voulons et nous plaist :

Que doresnavant tous marchans, tant estrangers que du Royaume,
ne pouront vendre, à nostre suite ny à   lieues à la ronde de
nostre court, aucuns oyseaux que auparavant ilz ne les ayent presentez à nostre dict grand fauconnier pour sçavoir s'il en faudra
lever pour noz volz et ce sur peyne de confiscation desd. oyseaux.

Que tous tendeurs d'oyseaux aux passages sur les terres ou forests
de nostre domaine seront tenus de prendre cy après permission de
nous et la porter à nostred. grand fauconnier pour avoir son attache
et comm^{on} sur icelle affin qu'il sache leurs noms et demeurances,
ils seront tenus d'aporter les oyseaux qu'ilz prendront en ceste nostre
bonne ville de Paris en l'hostel d'iceluy nostre grand fauconnier
ou autres lieux où il sera à nostre suite lequel les fera payer au
taux et prix accoustumé avec leur despence tant d'estre venus
que de leur retour.

Voulons aussy que tous les oyseaux des aires de noz forestz et
terres de nostre domaine soient aportez à nostre Grand fauconnier
pour nous estre presentez et celles qui sont sur les terres et seig^{ries}
des seigneurs et gentilzhommes leur demeureront franches pour
en disposer comme bon leur semblera.

Que sy à la suite de nostre cour dans nostre bonne ville de Paris
ou ailleurs aucuns oyseaux s'esgarent, celuy ou ceux qui les trouve-
ront les raporteront en l'hostel de notre grand fauconnier dans
vingt quatre heures apres les avoir trouvez et il leur sera baillé
pour chacun oyseau soixante solz et sy quelqu'un porte les vervelles d'aucuns princes, seigneurs ou gentilzhommes, nostre grand

fauconnier les fera aussy tost renvoyer à celuy ou ceux ausquels ilz apartiendront en rendant les lx sols et tous ceux qui retiendront lesd. oyseaux esgarez s'ilz sont gentilzhommes seront privez de ce pouvoir puis après exercer le plaisir et en avoir à eux ou s'ilz sont autres seront punis par amendes pour la première fois et pour la seconde corporellement.

Deffendons à toutes personnes de tirer, tendre ny prendre et à tous rotisseurs, cabaretiers, taverniers et autres d'achepter ny vendre aucuns herons, les declarans de mesme qualité que les serfz et soubz les mesmes peines et amendes.

Voulons aussy que touts huissiers et sergens soient tenus de faire tous exploictz et bailler assignations necessaires aux contre-venantz à ces presentes, pardevant noz juges et officiers, à la relation et simple mandement dudict grand fauconnier et enjoignons à noz procureurs d'en prendre la cause et poursuivre tant l'execution de cesdictes presentes que le chastiment exemplaire desd. contrevenans.

Si donnons en mandement à noz amez et feaux Con^{ers} les gens tenantz noz cours de parlementz, grands M^{es} enquesteurs et gene-raux reformateurs de noz eaux et forestz, M^{es} particuliers d'icelles, Baillifz, senechaux, juges ou leurs Lieutenantz et à tous autres noz justiciers et officiers que cesdictes presentes ilz facent lire, publier et enregistrer et le contenu en icelles garder et observer inviolablement de poinct en poinct selon leur forme et teneur. Car tel est nostre plaisir, et affin que ce soyt chose ferme et stable à tousjours nous avons faict mettre n^{re} seel à cesd. presentes sauf en autres choses n^{re} droict & l'autruy en toutes. Donné à Paris au moys de sept^{bre} l'an de grace mil six cens huict & de n^{re} regne le vingt^{me} [1].

IV

Que les fauconniers de Sa Ma^{té} prenans des Poulles pour leurs oyseaux par les villages en payeront cinq solz. Ensemble la forme de laquelle ilz doivent user pour les prendre.

Le Roy desirans que les ordonnances et deffences des Roys ses predecesseurs mesmes celle du Roy dernier decedé (que Dieu absolve) du 15e octobre 1608, sur le faict des poulles que les fauconniers

1. Brienne 256, fol. 368 à 369 v°.

sont le plus souvent contraincts de prendre par les villages pour
le secours de leurs oyseaux, soient observées et gardées, a ordonné
et ordonne, conformement à la susd. ordonnance du 15ᵉ octobre
1608, que lesd. faulconniers pendant qu'ils seront à la campagne
pour son service ne pourront prendre poulles des paysans que pour
leurs oyseaux et non pour eulx, en les payant toutesfois à raison
de trois solz chacune, et que tous autres fauconniers qui ne sont
à sa Maᵗᵉ ne pourront pareillement prendre aucunes poulles desd.
paysans sinon en les payant de gré à gré, sur peine de cent livres
d'amendes. Et s'il se trouve qu'ils en ayent abusé et pris sans les
payer, sera contre eulx procedé extraordinairement ainsy que le
cas le requerra.

Enjoinct Sad. Maᵗᵉ au Prevost de son hostel et Grand Prevost
de France ou ses Lieutenans et tous autres qu'il appartiendra faire
publier, garder et observer tant lesd. ordonnances et deffenses des
Roys ses predecesseurs que la presente.

Faict à Paris le VIIᵉ jour de Novembre 1612.

Signé Louis, et plus bas : De Lomenie.

Le Roy ayant esté adverty qu'au préjudice des ordonnances et
deffences des Roys ses predecesseurs, mesmes du Roy dernier
decédé (que Dieu absolve) du xvᵉ octobre 1608, et des siennes du
viiᵉ Novembre 1612, il se commet plusieurs abbus aux villages où
ses fauconniers vont prendre des poulles pour la nourriture de leurs
oyseaux, tant de la part des villageois qui font refus d'en bailler,
que des fauconniers qui pour ces refus ont usé de quelque violance
et en ont pris plus qu'il n'estoit besoing pour leurs oyseaux, Sa
Maᵗᵉ y voullant pourveoir, a ordonné et ordonne, conformement
ausd. ordonnances ques sesd. fauconniers, pendant qu'ils seront à
la campagne pour son service, ne pourront prendre poulles des
paysans que pour leurs oyseaux et non pour eulx, en les payant
toutesfois à la raison de six solz chacune, et que tous autres fauconniers qui ne sont à Sa Maᵗᵉ ne pourront pareillement prendre
aucunes poulles desdictz paysans sinon en les payant de gré à gré,
sur peine de cens livres d'amende, et s'il se trouve qu'ils en ayent
abusé & pris sans les payer, sera contre eulx procedé extraordinairement ainsi que le cas le requerra.

Enjoinct Sad. Maᵗᵉ à tous ses fauconniers qu'arrivant en ung
village pour prendre des poulles, ilz s'addresseront au juge ou procureur fiscal, marguilliers et les collecteurs des tailles du village
pour, sur le roolle desd. tailles, veoir les familles les plus accom-

modées et leur en faire delivrer une poulle de chacune famille jusques à la quantité dont ils auront besoing et non plus, en payant, comme dict est, à raison de six sols chacune. Ce que Sad. Ma[té] enjoinct et commande expressement ausd. juges, procureur fiscal, marguilliers et collecteurs des tailles faire executer fidellement aux mesmes peines de cent livres d'amende. Et en cas de contravention, enjoinct Sad. Ma[té] au Grand Prevost de son hostel et grand Prevost de France ou ses lieutenans et tous autres qu'il appartiendra punir les coulpables en sorte qu'il n'en arrive aucunes justes plaintes. Et à cet effect faire incontinant et sans delay lire, publier et registrer les presentes ordonnances et deffences. Faict à Paris le XVIIIe jour de mars 1625. Signé LOUIS, et plus bas : De Lomenie[1].

1. Brienne 256, fol. 370 à 371 v°.

INDEX ALPHABÉTIQUE

A

B

Benard (Claude), gouverneur des pages, 590.
Benjamin, écuyer, 21, 550.
Béranger (François), apothicaire, 728.
Beranger (Jean), palefrenier, 265.
Berault (Abraham), grand laquais, 82.
Berault (Michel), héraut d'armes, 500.
Berches (Charles), trompette, 184.
Berenger (Christophe), hautecontre de hautbois, 431.
Beringhen (le sr de), premier valet de chambre (son cheval), 304.
Bernache (Bernard), grand laquais, 91, 630.
Bernache (Claude), grand laquais, 76.
Bernard (Abel), sr de La Louviere, porte-épée de parade, 509.
Bernard (Jean), apothicaire, 727.
Bernier (Pierre), porte-épée de parade, 208.
Bernon (Nicolas), dit Belleville, tailleur, 482.
Beroult (Claude), palefrenier, 128.
BERRY (héraut d'armes du titre de), 354.
Bertin (Charles), gentilhomme de vénerie, 812.
Bertin (Philippe), dit La Haye, valet de chiens, 1076.
Bertrand (Jacques), garde à cheval, 1046, 632.
Bidequin [Videquin] (Dominique), grand laquais, 93, 633.
Bidequin (Pierre), grand laquais, 94.
Bien (François), basse-contre de musette de Poitou, 482.
Bien (Louis), taille de hautbois et joueur de cornemuse, 434.
Biengardé, héraut d'armes du titre de Valois, 359.
Bigot (Guillaume), fifre ou tambourin, 417.
Billaine (Jean), grand laquais, 636.
Bissy (le sr de), écuyer, 341.
Blachy (Martin), cocher, 154, 690.
Blanchard (Vavrin), cordonnier, 507.
Blanchefort (le sr de), écuyer, 28, 553.
Blanchet (Claude), garde à pied, 1039.
Bligny (Louis de), lieutenant de justice, 945, 958.
BLOIS (écuyers du roi en la ville de), 437.
Blondeau (Claude), valet de limiers, 846.
Blondeau (Pierre), sr de Bussy, écuyer, 347.
Blondet (Edme), héraut d'armes, 455.
Bocquet (Nicolas), grand laquais, 77.
Boestard (Michel), valet de pied, 516.
Boirye (le sr de), écuyer, 330.
Boiscler (René), sous-lieutenant de vénerie, 783, 1067.
Boisdanneau (François-Etienne, dit), grand laquais, 620.
Boisteau (Jean), rabatteur, 989.
BOISY, 970.
BONDY, 984.
Bonneau (Jean Lejeune, sr de), lieutenant de vénerie, 779.
Bonnecocl (Charles), valet de limiers, 897.
Bonnefoy (Christophe), valet de limiers, 1062.
Bonnet (Bernard), gouverneur des pages, 197.
Bonneuil (Philippe), gentilhomme de vénerie, 825.
Bonvilliers (Samuel de), lieutenant de vénerie, 781.
Bordier (Jean), poursuivant d'armes, 371.
Bossety (le sr), écuyer, 326.
Bossu (Jean), palefrenier, 131, 669.
Boucarré (le sr de), écuyer, 15, 549.
Boucarré (Raymond d'Angres, sr de), aumônier, 166.

Brosses (les), 1020.
Brossette (Robert de Vienne, s^r de), gentilhomme de vénerie, 823.
Brouilh (Jacques de [du]), argentier, 176, 721.
Bruant (Jacques, valet de chiens, 1077.
Bruis (Pierre), valet de limiers, 844.
Brunet (Pierre), fauconnier, 1225.
Bruyer. Cf. Brayer.
Buade (François de), de Serny, gentilhomme de vénerie, 806.
Buade (Pierre de), gentilhomme de vénerie, 796.
Buades (Henri de), sous-lieutenant de vénerie, 784.
Buffenan (Henri de), aide du vol pour milan, 1103.
Bulion, capitaine de chasse, 1040.
Burgerin (Martin), garde à cheval, 939.
Bussy (Pierre Blondeau, s^r de), écuyer, 347.

C

Cahors (Jean), palefrenier, 146.
Caillenville (Pierre de), gentilhomme de vénerie, 814.
Cailly (Pierre), gouverneur des pages, 55.
Cambert (Robert), fourbisseur, 408.
Canart (Pierre de la Chapelle, dit), grand laquais, 79.
Caparaçons, 254.
Capitaineries de chasses, 903-1065.
Cappon (Pierre), palefrenier, 114.
Cardinal (Clément), contrôleur de la vénerie, 884.
Carrosse de Lorraine, 156, 693.
Carrossier, 495.
Casenauve [Decassenauve] (Arnaud [Armand] de), grand laquais, 103, 642.
Catuz (Benoît), s^r de Lozans, écuyer, 329.
Cauchois (Louis), valet de pied du dauphin, 113.
Cent suisses de la garde, 241.
Cerfs, 1066.
Cézar, cocher, 236.
Chaillou (Jacques), s^r de Morvilliers, écuyer, 339.
Champagne (héraut d'armes du titre de), 358; (chasses de), 1053; levrettes de), 1230.
Champville (Pierre Sorrois, dit), grand laquais, 628.
Chamvarot [Chanturot] (Pierre du Bos, s^r de), écuyer, 327, 561.
Chancy (Laurent de), garde à cheval, 940.
Chantereau (Pierre de), aide du vol pour corneille, 1199.
Charenton, 970.
Cherlier (Gilles), archer des toiles, 1065.
Chariot d'armes du roi, 300, 389.
Charlotte [Charlot] (Jacques), palefrenier, 140, 676.
Charmoulue (Antoine), héraut d'armes du titre de Guyenne, 356.
Charretier [Chartier] (Pierre), garde-meuble, 181, 733.
Charron, 400.
Chaslon (Christophe), greffier, 946.
Chaudron (Guillaume), piqueur, 887.
Chaudronnier, batteur, amendeur, 473.

Chauvart [Chesnard] (Marceau), palefrenier, 665.
Chauvet (La Martène), écuyer, 319.
Chenevières, 970.
Chennecy (le s^r de), écuyer, 310.
Chenon (Sébastien), tailleur, 465.
Chepré [Chopré] (Mathieu) [Mathurin], grand laquais, 83, 622.
Cherrieres, s^r de Montz, juge d'armes, 353.
Chesnard. Cf. Chauvart.
Chesvin, dit La Chesnette, taille de hautbois, 421.
Cheuvry (François), grand laquais, 106.
Chevalier (Jean), procureur du roi, 906.
Chevalier (Michel), sous-lieutenant des toiles, 1059.
Chevallier (Michel), dit Pascal, gentilhomme de vénerie, 811, 1085.
Chevaux à livrées, 215-233, 303-309.
Chevilly, 943.
Chevin (Pierre), garde à cheval, 964.
Chevreuil, 890.
Chevreuse (duc de), grand fauconnier, 1090, 1132, 1183.
Chevry, écuyer, 565.
Chirurgiens, 193, 245, 281, 282, 391, 458, 484, 491, 725, 753, 774, 775, 877.
Chopré. Cf. Chepré.
Choisy, 943, 970.
Chrestod (Jean), dit la Haye, baladin, 719.
Cinq-Mars (Henri Ruzé, s^r de), grand écuyer, 518.
Cireu (René), héraut d'armes du titre de Provence, 364.
Clamart (le s^r de), écuyer, 316.
Clemenceau (Charles), valet de chiens, 872.
Clermont (Michel de), gentilhomme de vénerie, 797.
Cochers (conducteurs de coches), 148-156, 684-693.
Cocherel (Charles de Bourdonne, s^{rs} de) père et fils, écuyers, 545, 546.
Cochois (Louis), grand laquais, 650.
Cocquatrix (Ancelot), tambourin, 413.
Collin (Noël), garde de haras, 759.
Collongnon (Philippe de), gentilhomme de vénerie, 797.
Compagnon (Claude), garde de haras, 273, 765.
Compagnon (François), fauconnier, 1167.
Compens (Louis), s^r de Duel, gentilhomme de vénerie, 789.
Compiègne (François Dupont, s^r de), sous-lieutenant de Saint-Germain-en-
	Laye, 918, 1084.
Compiègne, 1011.
Compigneur (Charles), fauconnier, 1094.
Concierge, 212, 213.
Conducteurs des coches, carrosses et chariots, 148-156.
Constaing (Aymar de), s^r de Pusignan, chef du vol pour milan, 1091.
Constantin (Antoine), portegaban, 454.
Contrôleurs de la vénerie, 882-884.
Conty (Alexandre de), s^r de Villemont, gentilhomme de vénerie, 803.
Corbeil, 370.
Cordelle (André), barbier, 195, 731.
Cordonnier, 386-388, 459, 507.
Cornelian [Cornillan], écuyer, 20, 558.
Cornemuses, 292, 434.
Cornets, 291, 419, 422.
Coslin (Guilaume), palefrenier, 656.
Costé (Jean), garde à pied, 1038.
Cotté (Jean), palefrenier, 661.

Cotton (Pierre), palefrenier, 651.
COUAY, 943.
Coulenges [Coulanges] (le sʳ de), écuyer, 13, 533.
Coulon (Mathieu), gouverneur des pages, 52.
Courcelles (Alcibiade de), lieutenant de vénerie, 782.
Courtier (couratier), 399.
Cousin (Noël), garde de haras, 267.
Crolle (Michel), fauconnier, 1155.
Crosnier (François), cuisinier, 188, 740.
Crosset (Antoine), bourrelier, 379.
Cuigy (Louis de), fils de Nicolas, portemanteau, 192.
Cuigy (Nicolas de), portemanteau, 191, 225, 704.
Cuigy (Roger de), porte-épée de parade, 199, 231, 702, 705.
CUISE, 1011.
Cuisinier, 184-188, 517, 736-740.
Cuvart (Michel), garde de haras, 768.
Cypierre (Antoine), chaussetier du dauphin, 510.

D

Dallemagné (Gilles), fourrier de vénerie, 868.
Damanzé (le sʳ), écuyer, 338.
Damasquineur enrichisseur d'armes, 407.
Dambremont (Michel), palefrenier, 673.
Dangou (Raymond), sʳ de Boué, aumônier, 712.
Darambure (le sʳ), chef du vol pour les champs, 1195.
Darennes (Antoine), valet de limiers, 841.
Dauphin (Antoine), valet de chiens, 870.
DAUPHINÉ (héraut d'armes du titre de), 34, 572.
Daussure (Jean), tailleur, 508.
David (Jacques), garde à cheval, 1006.
Deffroy [defray] (indemnité), 248.
Delabatte (André), garde à cheval, 948.
Delachapelle (Jacques), grand laquais, 619.
Delachapelle (Pierre), grand laquais, 644.
Delafonds (Bertrand), gouverneur des pages, 598.
De la Mothe (Jean et Noel), baladins des pages, 172, 173.
Delapersonne (Adrien), grand laquais, 96, 635.
Delavau (Jean), tailleur, 499, 504.
Delaunay (Raymond), grand laquais, 610.
Delcamps (le sʳ), écuyer, 544.
De Lisle (François de Ronchivol, dit), héraut d'armes du titre de Bretagne, 32.
Delissades (Jean), grand laquais, 643.
Delissades (Raymond), grand laquais, 612.
De Lorme (Claude), tailleur, 381.
De Lorme (Pierre), tailleur, 380.
Demery (Jean), valet de limiers, 837.
Denau (Pierre), chargé des écuyers du roi en la ville de Blois, 437.
Depens (Jouen), grand laquais, 647.

Dequen (François), cordonnier, 386.
Descart (Pierre), valet de limiers, 831.
Desche (le s^r), chef de meute, 1083.
Descomps (Vital), portegaban, 493.
Descosse (Denis), piqueur, 1174.
Descourty [Des Courtils] (Robert), portemanteau, 443, 749.
Descuville (Jean Regnault), saqueboutte, 425.
Des Garets (le s^r), écuyer, 313.
Des Garets (Charles), s^r de La Haye, écuyer, 317.
Desguesdes, écuyer, 555.
Deshayes (le s^r), écuyer, 340.
Deshayes (Charles), garde de haras, 766.
Deshayes (François), garde de haras, 763.
Deshayes (Jacques), garde de haras, 268, 760, 763.
Deshayes (Jean), garde de haras, 278, 770.
Deshayes (Jerôme), garde de haras, 271.
Despagne (Charles), gentilhomme de vénerie, 798.
Desprez(Nicolas), valet de chiens, 879.
Desprez (Robert de Fleury, s^r), gentilhomme de vénerie, 809.
Desqueduz (le s^r), écuyer, 332.
Dessuslemoutier (Pierre de), poursuivant d'armes, 498.
Destouches (Jean), taille de hautbois et basse-contre de musette, 435.
Destrepigny (Guillaume, s^r), gentilhomme de vénerie, 792.
Destruches (le s^r), écuyer, 543.
Deverville (Pierre), palefrenier, 754.
Dhuy (Léonard), dit Poilblanc, dessus de cornet, 422.
Didé (Bertrand), valet de limiers, 838.
Dijon (François), trompette des guides, 298.
Dillon (Hercule de), s^r de la Bécherelle, gentilhomme de vénerie, 804.
Diurmont (Gilles de Ligny, s^r), chef du vol pour héron, 1115.
Doegny (Robert, fauconnier, 1149.
Doge (Jean), médecin, 460.
Dollé (Georges), garde à pied, 933.
Dongny (Maurice), garde, 978.
Donvilliers (Jean), procureur du roi, 1002.
Donvilliers (Louis), garde à pied, 1033.
Doré (Denis), garde à cheval, 962.
Dorgeval (le s^r), porte-épée de parade, 439.
Dorigny (le s^r), écuyer, 349.
Doublet (Claude), poursuivant d'armes, 373.
DOURDAN, 1015.
Drouart (Charles), saqueboutte, 429.
Drouin (Nicolas), marchand mercier, 461.
Droutot [Droutelle] (Jacques), garde-meuble, 180, 732.
Druel (Jean), conducteur du chariot d'armes du roi, 389.
Du Bois (Antoine), héraut d'armes du titre d'Angoulême, 363.
Du Bois (Claude), fourrier, 214, 751.
Du Bois (Robert), palefrenier, 123.
Du Bos (Pierre), s^r de Chamvarot, écuyer, 327.
Du Bost (Jean Valier, s^r), poursuivant d'armes, 368.
Du Bouchet (le s^r), écuyer, 350.
Dubrocard (Pierre), garde de haras, 769.
Du Brouilh [Jacques de Brouilh], argentier et proviseur de la grande écurie, 176, 721.
Du Buisson, porte-épée de parade, 450.
Dubuisson (Alexandre), chef du vol pour émerillon, 1215.

Dubuisson (Antoine), s^r de la Marsandière, chef du vol pour rivière, 1172, 1192, 1198.
Dubuisson (Pierre), aide du vol pour émerillon, 1216.
Du Colet [Ducollet] (François), palefrenier, 129, 667.
Duel (Louis Compens, s^r de), gentilhomme de vénerie, 789.
Du Faussart (Louis), gouverneur des pages, 53.
Du Fay (Pierre), s^r de la Messaugière, chef du vol pour pie, 1179.
Duhainautz, arquebusier, 409.
Du Hallier, lieutenant de meute du lièvre, 885, 889.
Du Hamel (Thibaut), fourrier, 1081.
Du Mesnil (Jean de Gebemesnil, dit), apothicaire du haras, 283.
Dumont, écuyer, 536.
Du Moulin (Guillaume), palefrenier, 115, 652.
Duplessis (Denis), garde à pied, 952.
Du Plessis (Pierre), maréchal ferrant, 158, 695.
Dupont (François), s^r de Compiègne, sous-lieutenant de Saint-Germain-en-Laye, 918, 1084.
Dupont (Jacques), maréchal ferrant, 773.
Dupont (Pierre), piqueur, 1068.
Du Port (François), gouverneur des pages, 209, 741.
Dupuis (Henri), garde, 975.
Du Puy (Pierre), tailleur, 492.
Durando (Pierre), grand laquais, 624.
Durant (François), s^r de Tury, gentilhomme de vénerie, 800.
Durant (Mathurin,) héraut d'armes du titre de Touraine, 440.
Durant (Michel), gentilhomme de fauconnerie, 1149.
Du Roux, s^r de Sigy, sous-lieutenant de toiles, 1058.
Du Saulx (le s^r), écuyer, 325.
Dussessart (Louis), gouverneur des pages, 592.
Du Thouin (François le Tailleur, s^r), gentilhomme de vénerie, 822.
Du Tour (Jean), valet de limiers, 1073.
Duval (Jacques), tapissier, 384.
Du Verdier (Jacques Fortier, s^r), héraut d'armes du titre d'Alençon, 569.

E

Ecosse, 885, 886.
Ecuyers, 7-28, 310-352, 518-565.
Effiat (Ruzé, marquis d'), capitaine de chasse, 943, 956.
Enrichisseur damasquineur, 407.
Esprouvier, 376, 377.
Estienne (François), dit Boisdanneau, grand laquais, 620.
Estrepigny. Cf. Destrepigny (Guillaume Guillemin d'), gentilhomme de vénerie, 792.
Estrieux [étriers], 255.

F

Faberat (Bernard), poursuivant d'armes, 200.
Falcan (Jean), fauconnier, 1096.

Ecurie

4

Fanchon (Arnoul), garde à pied, 923.
Farqueroy (Philippe de), garde à cheval, 1031.
Fauconnerie, 1090-1218.
Fautrier (Jean), contrôleur de la vénerie, 883.
Fauve (Jean), médecin, 403.
Fauvet (Jean), boulanger, 505.
Ferous (Jacques), garde à cheval, 969.
Ferrant (Jacques), écuyer, 333.
Feuquerolles (Guillaume Artus, s*r* de), 336.
Fifres, 293, 410, 412, 415.
Flaschas (Claude), damasquineur, 407.
Fleury (Robert de) s*r* Desprez, gentilhomme de vénerie, 809.
Florence (le s*r* de), écuyer, 343.
Florisel (Jean Bedeille, dit), grand laquais, 621.
Fontaine (Charles), garde à cheval, 963.
Fontaine (Jacques), tambourin, 414.
Fontaine (Louis), garde à cheval, 991.
FONTAINEBLEAU (grande écurie du roi à), 212.
Fort (Jean), chirurgien et renoueur, 484.
Fortier (Jacques), garde à cheval, 1045.
Fortier (Jacques), s*r* du Verdier, héraut d'armes du titre d'Alençon, 599.
Fourbisseur, 406, 408, 513.
FOURCELLES, 1040.
Fournier (Jean), chaudronnier, 473.
Fourqueroy (Ambroise de), garde à pied, 1034.
Fourriers, 60-68, 179, 214, 404, 444, 451, 452, 467, 600-607, 751, 752, 754, 866-868, 1081, 1197.
François (Richard), garde à cheval, 1044.
FRESNES, 943.
Fredy (Alexandre, piqueur, 1222.
Fressart (Robert), lieutenant de robe-courte, 904.
Froget (Antoine), chirurgien du haras, 282.
Fromaget (le s*r*), héraut d'armes du titre de Berry, 354.
Fruiterie (cheval du sommier de), 228.
Fulsugiere (Michel), valet de pied, 514.

G

Gaffa (Antoine), valet de limiers, 834.
Gagincour (le s*r* de), portemanteau, 202.
Gaignieres (Edme), héraut d'armes du titre d'Alençon, 36.
Gaignières (Georges), fifre, 410.
Gaignières, portemanteau, 295, 707.
Gaillard (Nicolas), fauconnier, 1141.
Galet (Michel), brodeur, 494.
Gallart (Jean), garde de haras, 276.
Gambon (Martin), palefrenier, 123*.
Gamont (Jean), sellier, 397.
Gardes, 974-981, 984-989, 1022-1025; à cheval, 908-915, 935-942, 947, 948, 960-962, 990, 991, 1005-1007, 1013, 1014, 1017, 1018, 1030, 1031, 1042-1047; à pied, 922-934, 949-955, 991-998, 1008-1010, 1012, 1032-1039, 1048-1051.

H

Lavigne (Guillaume Goyer, dit), capitaine de chasse, 1011.
La Vocrye (Pierre de), dit Villesec, gouverneur des pages, 54.
LAY, 943.
Leau (Emmanuel), garde à pied, 932.
Leault (Jean), maréchal ferrant, 161.
Leblanc (François), valet de chiens à cheval, 827.
Le Bossu (Julien), palefrenier, 133, 671.
Le Breton (François), fils d'Hector, héraut d'armes, 30, 224, 567.
Le Breton (Hector), héraut d'armes, 29, 223, 566.
Le Breuil Le Clerc, porte-épée de parade, 487.
Lechac (le sr de), écuyer, 351.
Le Chasseur, 1004.
Le Clerc (François), porte-duc, 1211.
Le Clerc (Jean), valet de chiens, 900.
Leclerc. Cf. Le Breuil, 487.
Le Compte (Pierre), piqueur, 1153.
Le Conte [Lecompte] (Pierre), palefrenier, 120, 657.
Lefargue (Jean), piqueur, 896.
Le Febvre (Brison), fauconnier, 1125.
Lefebvre (Jacques), grand laquais, 87, 626.
Léger (Nicolas), fourrier, 67, 607.
Léger, gentilhomme de vénerie, 805.
Legos, sr de Lussant, capitaine de chasse, 1026.
Legrand (Léonard), portemanteau, 210.
Legrand (Jean), garde à cheval, 961.
Legrand (Noël), palefrenier, 756.
Legrand (Pierre), passementier, 385.
Le Grand (René), procureur du roi, 920.
Legras (Benoît), poursuivant d'armes, 372.
Legresle (Poncelet), piqueur, 1118.
Legros (Michel), dit Maisoncelle, 22.
Leguet (Jean), saqueboutte, 426.
Lejeune (Jean), sr de Bonneau, lieutenant de vénerie, 779.
Lelargue (Jean), piqueur, 896.
Le Leuil (Vivant), gouverneur des pages, 483.
Lelievre (Isaac), porte-épée de parade, 449.
Le Longt (Martin), valet de chiens, 1079.
Lemaire (Guillaume), fourrier, 63.
Le Maire (Vincent), lieutenant de justice 986. '
Le Manceau (Charles), valet de limiers, 849.
Le Marié (Jacques), barbier, 194.
Le Marchant Pierre), fauconnier, 1176.
Le Massonnet (Claude), 35.
Le Massonnet (François), héraut d'armes du titre de Dauphiné, 34.
Leme (Augustin), voltigeur, 206.
Le Mesle (Antoine), valet de chiens, 862.
Le Mesle (Emmanuel), valet de chiens, 855; garde à pied, 952.
Le Mire (Mathieu), tailleur, 502.
Lemont (le sr de), écuyer, 18.
Le Moyne Le Camus (Guy), valet de chiens, 864.
Le Nain (Louis), gouverneur des pages, 56, 595.
Lenoble (Michel), garde des haras, 270, 762.
Le Noir (Jacques), poursuivant d'armes, 442, 750.
Le Normand, précepteur des pages de la grande écurie, 169, 717.
Le Page (Sanson), premier héraut d'armes du titre de Bourgogne, 31, 568.
Le Rablé (François Lair, dit), grand laquais, 95.

Lotif (Pierre), chirurgien du haras, 281.
Lottin (Charles), garde à pied, 931.
Louillar (Noël), cuisinier, 517.
Loussan (Mathurin de), hautbois, 428.
Louvet (Nicolas), trésorier, 519, 520.
Louvetel (Hervé de), gentilhomme de vénerie, 795.
Louveterie, 1066.
Louvigny (Jacques de), valet de limier, 832.
Louvre, 903.
Loyade, héraut d'armes du titre d'Anjou, 361.
Loyer (Jacques), grand laquais, 615.
Loyrat (Sufferte), écuyer, 530.
Loynes (Julien de), portegaban, 475.
Loyseau. Cf. Loiseau.
Lussant (Legos, sʳ de), capitaine de chasse, 1026.
Lux (Louis de), sʳ de Vantelet, écuyer, 531.
Lux (Roger), écuyer, 532.
Lozans (Benoît Catuz, sʳ de), écuyer, 329.
Luzeres (le sʳ de), écuyer, 323, 538.
Lyenard (Jean), mercier, 515.
Lyenard (Michel), cordonnier, 388.
Lygasse (Pierre), apothicaire, 777.
Lyonnais (héraut d'armes du titre du), 365.

M

Macé (Roger), fauconnier, 1137.
Macon (Germain), valet de limiers, 840.
Maconnais, 1054.
Madrid (Château de), 803.
Magdelaine (Nicolas), piqueur, 1071.
Maillac (Louis de), sʳ de Pallage, écuyer, 345.
Maison, 970.
Maisoncelle (Michel Le Gros, sʳ de), écuyer, 22.
Maistred'hostel (Edme), chirurgien, 491.
Maloisel (Daniel de), gentilhomme de vénerie, 799.
Mangin (Mathieu), fauconnier, 1156.
Manolle (Valentin), fourrier, 444.
Maradan (Jacques Langlois, dit), grand laquais, 70.
Marais (Pierre), gentilhomme de vénerie, 793.
Marbé (M. de Meaux-), 1054.
Marcoussis, 968.
Marne, 970.
Martel (Noël), garde à cheval, 1013.
Maréchaux de forge, 157-164, 280, 694-700, 772, 773, 875, 876; (chevaux des), 309.
Marin (Gaspard), dessus de cornet, 419.
Martin (Christophe), contrôleur intendant, 5, 6, 524, 525, 526.
Martiné (Charles), fauconnier, 1095.
Martineau (Mathurin), valet de limiers, 833.

N

Nail (Jean), chirurgien barbier, 730.
Naulet (Pierre), valet de limiers, 842.
Naully (Seuvran de), valet de pied du dauphin, 112.
Nichin (Nicolas), valet de liiniers, 842.
Nicolas (Antoine), garde à pied, 996.
Nicolay, capitaine de chasse, 999,
Nicot (Jean), maréchal ferrant, 875.
Nobileau (René), héraut d'armes du titre de Picardie, 357.
Nobileau (René), fourrier, 62, 602.
Noël (Charles), maréchal ferrant, 697.
Noël (Jean), fourrier, 604.
NOGENT-SUR-SEINE, 1020.
NORMANDIE (héraut d'armes du titre de), 366, 573.
Normandin (René de), lieutenant de chasse, 1056.
NOTRE-DAME-DE-LA-BRIE, 970.
Nouet (Jean), gouverneur des pages, 591.
Nouet (Pierre), fourrier, 61, 601.
Nourrice du roi (haquenée de la), 308.

O

Oger (Christophe), lieutenant de chasse, 1021.
Ollé (Michel), portegaban, 711.
Odouet (Gamaliel), grand laquais, 90, 629,
Opérateur pour les maladies contagieuses, 462.
Oranges (Jean), grand laquais, 613.
ORDY, 943.
Orgeval. Cf. Dorgeval, 439, 703.
ORLÉANS (héraut d'armes du titre d'), 362.
Othon [Otton] (Antoine), palefrenier, 122, 658.
Ozon (Jean), garde de haras, 275.

P

Pacquilharares (Antoine de), sᴿ de Bebezé, écuyer, 334.
Pages, 234, 235, 239, 245, 246, 585, 717; (baladins pour les,) 172-174; (précepteurs des), 169-171. Cf. (gouverneurs des) et (valets des).
Pages de vénerie, 873-874.
Pain (Claude), palefrenier, 121.
Palefreniers, 114-147, 263-279, 456, 651-683, 755-757, 889, 1193; (aides), 283.

Pallaye (Louis de Maillac, s^r de), écuyer, 345, 557

Palluau (François), grand laquais, 88, 627.

Pantin (Jacques), piqueur, 1181.

Paris (Nicolas), portemanteau, 485.

PARGEU, 1020.

Parmentier (Georges), dit La Chambre, grand laquais, 99

PARRAY, 943.

Partout (Vincent de), garde à pied, 1009.

Parthon (Guillaume), chirurgien, 753.

Pascal (Michel Chevallier, dit), gentilhomme de vénerie, 811, 1085.

Pasquier (Didier), tailleur, 506.

Passart (Michel), piqueur, 1070.

Passavant (Pierre), fourrier, 603.

Passementier, 385.

Patenostre (Bonaventure), valet de limiers, 835.

Patenostre (Claude), gentilhomme de vénerie, 791.

Patron (Robert), piqueur, 1180.

Patrufflet (Claude), garde à pied, 997.

Pautet (Jouan de), valet de pied du dauphin, 110.

Paulmier (François), piqueur, 894.

Payen (Gabriel), fourrier, 603.

Péan (Raoul), valet de pied du dauphin, 109.

Péault [Raoul], gradd laquais, 646.

Pchet (Laurent), garde à pied, 1048.

Peintre, 468.

Peletier [Pelletier] (Charles), cuisinier, 187, 739.

Pelissier (François), trompette, 38, 578.

Pellé (François), garde à cheval, 966.

Pelletier (Claude), grand laquais, 84.

Perllot (Pierre), garde, 980.

Perreuse (le s^r de), écuyer, 302, 320.

Perrin (Antoine), palefrenier, 139.

Perron (Jean), garde à pied, 927.

Pertuis (Jacques), portegaban, 708.

Petit (Adrien), gouverneur des pages, 50, 589.

Petit (César), tireur d'armes, 203, 744.

Petit (Guillaume), cocher, 155.

Petit (Guillaume), fourbisseur du dauphin, 513.

Petit (Michel), garde à pied, 950.

Petit (Pierre), tireur d'armes, 204, 745.

Petit (Pierre), trompette des guides, 297.

Petit (le s^r), écuyer, 323.

Petitjean (Claude), palefrenier, 125, 663.

Philipes (Guillaume), garde de haras, 277.

PICARDIE (héraut d'armes du titre de), 357.

Picart (Gilles), gentilhomme de vénerie, 801.

Pichard (Laurent) garde à pied, 951.

Pichon (Jean), palefrenier, 132.

Picquet (Esprit), dit de Lezicrés, fourrier de vénerie, 867.

Picquet (Guillaume), garde, 981.

Pin (Vincent), fauconnier, 1208.

Pinçon (Gilles), garde à pied, 954.

Pinçon (Macé). Cf. Pinson.

Pingues (Pierre), héraut d'armes du titre de Bourbon, 360.

Pinparé (Jean), garde à pied, 926.

Pinson (Gilbert), fauconnier, 1220.

Pinson (Macé), grand laquais, 101, 640.
Pinson (Simon), carrossier, 495.
Piot (Guillaume), valet de chiens, 869.
Pitault (Philippe), valet de chiens, 1078.
Pitotois (François), garde à pied, 1008.
Poilblanc (Léonard d'Huy, dit), dessus de cornet, 422.
Poirat (Gaspard), fauconnier, 1110.
Poirou (musettes et hautbois de), 292, 410, 432, 433.
Poitrincourt (le s^r de), écuyer, 542
Poix (Léger de), gentilhomme de vénerie, 790.
Pomart (Louis), sommier d'armes, 716.
POMMERAYE, 1027.
POMPÉE, 1020.
Poncelet (Claude), postillon, 687.
Poncelet (Robert), garde à pied, 1032.
Pont (Pierre), grand laquais, 649.
PONT DE CHARENTON, 970.
Ponthus (Jean), greffier, 1003.
Poppine (Jacques), portegaban, 481.
Porteduc, 1099, 1111, 1211.
Portegaban, 454, 469, 475, 477, 481, 489, 493, 708-711.
Portemanteau, 191, 192, 202, 210, 443, 446, 447, 478, 485, 704-707, 749.
Porte-épée de parement (ou parade), 198, 199, 208, 438, 439, 449, 450, 487, 509, 701-703.
Postillon, 151, 687.
Poteau (Jacques), cordonnier, 387.
Potier (Antoine), poursuivant d'armes, 370.
Potier (Luc), greffier, 907.
Potier d'étain, 396.
Potin (Jean), cordonnier, 459.
Poullain (Georges), fauconnier, 1110.
Pouper (Marin), boulanger, 886.
Pouraucourt (le s^r de), écuyer, 11.
Poursuivant d'armes, 200, 211, 367-374, 442, 498, 501, 574, 576.
Pradines (le s^r de), écuyer, 16, 301, 539.
Praslin (le s^r de), capitaine de chasse, 1053.
Précepteur des pages, 169, 717, 718.
Presles (le s^r de), écuyer, 7, 217, 528.
Prevas (Guillaume Artus, s^r de Feuquerolles et), 336.
Prevost (Noël), garde à pied, 1035.
Prieur (Pierre), garde à pied, 949.
Prou (Nicolas), s^r des Carneaux, précepteur des pages du dauphin, 171.
PROVENCE (héraut d'armes du titre de), 364.
Proviseur de la grande écurie (argentier et), 176.
Pusignan (Aymard de Constaing, s^r de), chef du vol pour milan, 1091, 1103, 1188.

Q

Quentin (Etienne), trésorier de la vénerie, 879.
Quentin (Gilles), héraut d'armes du titre de Normandie, 366, 573.
Quesnel (Claude), garde à pied, 1010.

R

Rablé (Claude), grand laquais, 102.
Rablé (François Lair, dit Le), grand laquais, 95,
Rama (Augustin), voltigeur, 723.
Raoul (Claude), fauconnier, 1139.
Raoul (Jean), palefrenier, 659.
Reault (Louis), maréchal ferrant, 698.
Record (Augé), garde à pied, 930.
Recouvrance (Eléonor de), peintre, 468.
Regnard (Nicolas), grand laquais, 618.
Renaudet (Claude), valet de chiens, 888.
Regnault (François), palefrenier, 127.
Regnault (François), dit La Roque, courtier, 399,
Regnault Descuville (Jean), saqueboutte, 425,
Regnault, page, cocher, 237.
Remy (Nicolas), tailleur, 392,
Renault (Jean), fauconnier, 1209.
Renoueur, 484.
Ridet (Toussaint), garde de haras, 761.
Riotte (Nicolas), palefrenier, 137, 675.
Rivet (Jean), trompette, 583.
Robert (Rodrigue), fauconnier, 1105.
Rochechouart (François de), sr de Saint-Cir, écuyer, 337,
Rochechouard (Gabriel de), sr de Mortemart, capitaine de chasse, 903.
Rochefort (Pierre), portegaban, 710.
Rocherot (Gabriel), garde de haras, 272, 764.
Rodes (Pierre), trompette, 585, 588.
Roddes [Rodes] (Charles), trompette, 41, 581.
Roddes [Rodes] (Etienne), trompette, 47, 587.
Roddes [Rodes] (Guillaume), l'aîné, trompette, 43, 582.
Roddes [Rodes] (Guillaume), le jeune, trompette, 37, 577,
Roddes [Rodes] (Jean) l'aîné, trompette, 45.
Roddes [Rodes] (Jean), le cadet, trompette, 40, 580.
Rohan (Hercule de), duc de Montbazon, grand veneur, 778.
Rolland (La Rivière-), écuyer, 14.
Rollet (Jean), grand laquais, 81.
Romain (Charles), piqueur, 1202.
Rome (Charles) de, sous-lieutenant de vénerie, 786.
Rome (Jean-Jacques) de, lieutenant de meute, 890, 902.
Ronchivol (Edmond), héraut d'armes du titre de Bretagne, 33, 571,
Ronchivol (François de), dit de l'Isle, héraut d'armes du titre de Bretagne, 32, 570.
Rongis, 943.
Roulleau (Julien), palefrenier, 666.
Rousseau (Gabriel), palefrenier, 654.
Roussel (Claude), garde à cheval, 1005.
Roussel (Pierre), garde à cheval, 945.
Rousset (Annet), garde à pied, 925.
Royles (le sr de), écuyer, 344.
Ruzé (Henri), sr de Cinq-Mars, grand écuyer, 518.
Ruzé (Mis d'Effiat), capitaine de chasse, 943.

S

T

V

Vincent (*sic*) (Pierre), palefrenier, 264.
Vinot (Mathieu), portemanteau, 447.
Viole, 291.
Vitry (M.¹ de), capitaine de chasse, 1055, 1064.
Voltigeurs, 178, 206, 723, 724.
Vuarnier. Cf. **Warnier**.

W

Warnier [Vuarnier et Varnier] (Mathurin), palefrenier, 124, 662.

Y

Yerre, 970, 1040.
Yvel (Jacques), fauconnier, 1203.
Yverneau, 1040.

Z

Zamet (Denis), s.ʳ de Vaux, gentilhomme de fauconnerie, 1147.

TABLE DES MATIÈRES

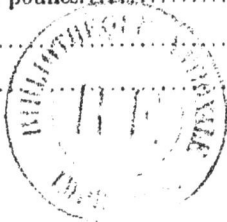

Paris. — Imp. PAUL DUPONT (Cl.). THOUZELLIER, Dʳ.